作文名人への道

【小学校3・4年生】

編著

田中定幸・今井成司・榎本豊

本の泉社

この本を手にした方へ

この本は、作文が上手に書けるようになりたい人、書くことがにがてで、困っている人のための本です。どちらかに入る人は、ぜひ読んでください。

はじめに、ズバリ「作文名人」になるためのコツを伝授《でんじゅ》します。作文は、したこと・見たこと・思ったことを言葉で表現するものです。

ここでの表現は「書く」ことになりますから、文字で書きます。したことはしたとおり、見たことは、見たとおり、思ったこと、考えたこともそのとおりに、自分がふだんから使っている言葉で書くことです。

みなさんの書く作文は、大きく二つの文章の「型」に分けられます。「森のくまさん」のような「ある日型」と、「手のひらを太陽に」のような、「いつも型」に分けられます。この「型」のちがいがわかると、「書き方の基本」が身につきます。

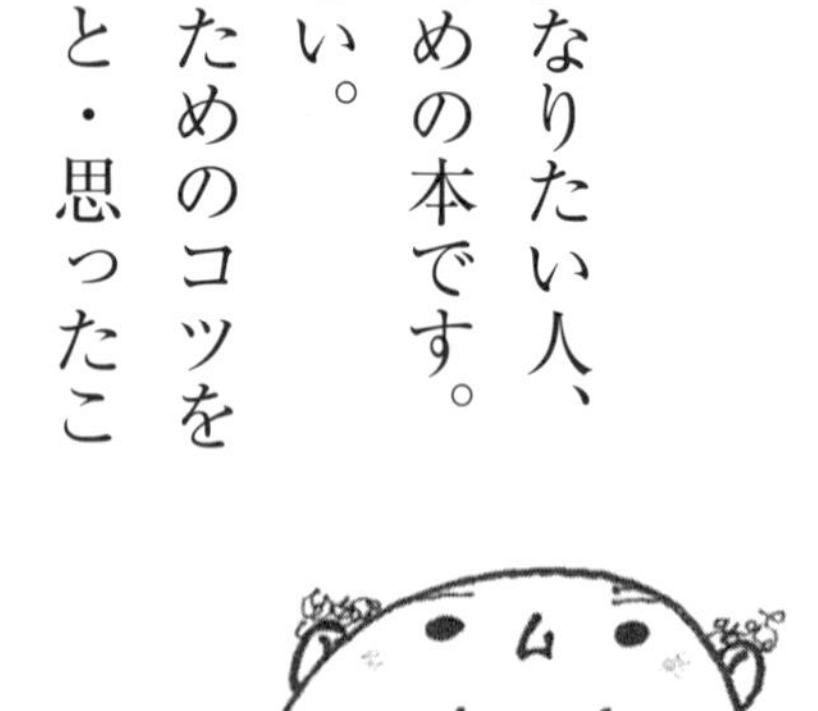

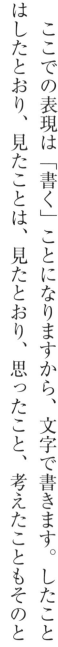

そのあとは、その時、何のために文章を書くのか、伝えたいことは何か、誰に伝えるのか、どう伝えるのかをはっきりさせれば、文章は書けるようになります。

この本から学び、「書きたい」ことを、書きたいように、くりかえし書いているうちにいつのまにか、あなたは「作文名人への道」を歩んでいくことになります。

（田中　定幸）

目次

表紙絵・カット：木俣　敏
文中のカット　：上野広祐

Ⅰ章　基本となる書き方を身につけよう

――生活のなかで思ったこと、考えたことを書く――

《1》「何でもノート」を書く
――気になったこと・思ったことを「何でもノート」に書こう

作文名人になるためには、エンピツをすぐ手にとって、何でもノートに書く習慣をつけることです。

そのために、縦書きの、線が太めのノートをおこずかいで買いましょう。おどろいたこと、発見したこと、うれしかったこと、かなしかったこと、ふしぎに思ったことなどを、そのノートに「何でも」書いていくのです。つぶやいたこと、気になったことも書くのです。

書き方は、自由です。書きたいことをえらんで、書きたいように書く。たくさん書く。それが作文名人への「一番の近道」です。

歌の大好きな雄一さんは「やねより高いこいのぼり」と、うたいながら帰ったら、書くことが見つかってしまいました。

へんだな

三年　原　雄一

学校の帰り、こいのぼりがありました。こいのぼりのうたは、「やねより高いこいのぼり」なのに、やねよりひくいでした。

だから、こいのぼりの歌は、あっているのか、あってないのかわかりません。

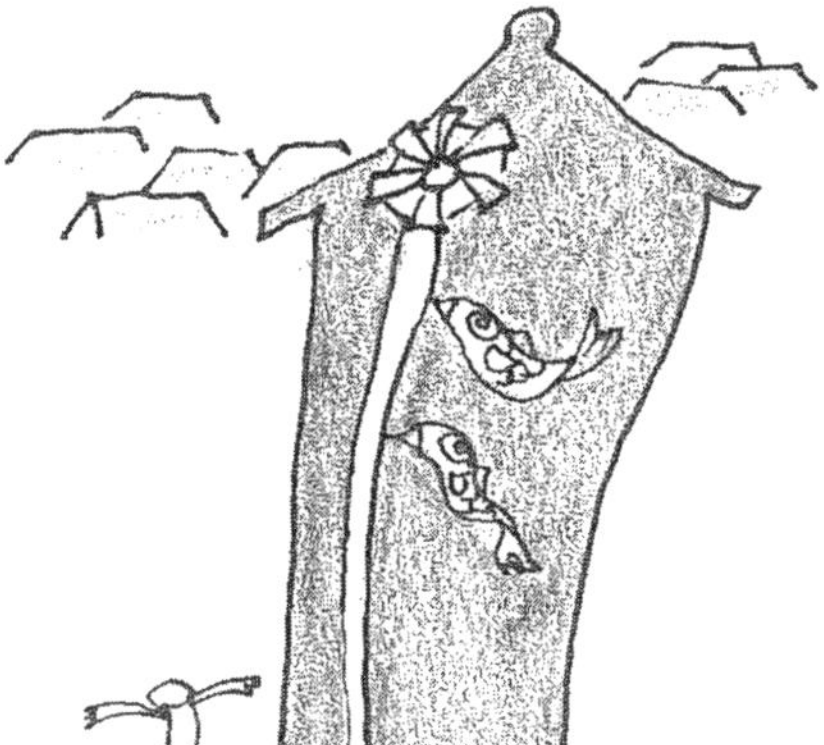

しげみさんは、家で飼《か》っているカイコのことがきになっていたので、いそいで帰って、カイコをかんさつしました。「だっぴ」という言葉もつかって書いています。そして、ぬけがらをのばして発見したことを書いています。

カイコのだっぴ

まつざき　しげみ

学校から帰って、カイコを見たら、頭からからだのまんなかまで上にあげて、じっとしていました。

　それで、四時三十分ごろだっぴすると思ったので、カイコを見たら、カイコのうしろに、くにゅっとしたカイコのかわがありました。だからのばしたら、足の形や頭の形のところもありました。かわの色は、クリーム色です。

（５／22）

白石さんはクラスのみんなでやって

6月15日（木）はれ時々くもり　白石りの

カイコの大きさは、7cm 5mmぐらいでした。とても大きくなってうんこも大きかったです。口も大きいし、もぐもぐいっぱい食べていました。うんこをあいみちゃんがつぶしたら、こなごなになってみどりになっていました。（葉を食べてるから、みどりになったのかな。）と思いました。

いる「観察リレー＝カイコの成長記録」の発表メモを「何でもノート」に書きました。このときには、横書きにして絵と文で書いています。

観察の記録だから、月日・天候、大きさ・様子・したこと（あいみちゃんのしたこと）、そして思ったことを書いています。

おばあちゃん

三年　うすい　としあき

「おばあちゃん、あのね。」

と、ぼくがいったの。

そしたら、「なに。」と言った。

「あのね、ぼくね、かるたとり大会でね。

一とうとったんだよ。」

と、言ったら、おばあちゃんが、

「おべんとうがきいたのかなあ。」

と、言ったの。

うすいさんは、かるたとり大会で一とうをとったことを、話した通り書いたのです。「おべんとうがきいたのかなあ。」というおばあちゃんのことば、あなたは、どう思いますか。

春山さんは、「野球のしあいに出たこと」を書こうと思いました。

日曜日の十一時四十分にしあいをしました。ぼくは、しあいに出られるかなと思いました。だいきくんや、つかさくんが出ているから、くやしかったです。（つづく）

ここまで書いたら、その日のつかれがでたのか、ねむくなってしまいました。そうだ、まん画にも「つづく」がある。「つづく」と書いて、ねました。そして、次の日、その続きを書きました。

ぼくがベンチでおうえんしていたら、かんとくによばれて、だい打で出ることになりました。

一球めは、ボールで、二球めは、どまん中にきたから、うちました。そしたら、センターライナーでヒットになりました。

二点入れて、一点さにちぢめたけれど、11たい7でまけてしまいました。

でも、ぼくがかつやくできたので、よかったです。

それから、何日かたって、読みかえしたら、あのときヒットを打てたのは、お母さんたちの応えんのおかげだと思って、「つけたし」をしました。

ぼくは、バッターボックスに立ったとき、バットをかた手にもって、空にバットをさして、

「いくぞ。」

と言いました。そしたら、お母さんたちが、

「おー。」

と言いました。

さあ、この「つけたし」は、どこにはいるのでしょう。

三回にわけて書かれた文章をつなげて読んでみましょう。

■知っておくと得《とく》すること■

・書くことは、なんでもよいこと。

・書き方は気にしないで、思ったことは思ったとおりに書けばよいこと。書き足りないと思ったら、そのあとにつけたせばよいこと。……そう、お話するように書いてもよいこと。

・無理にむずかしい言葉をつかわないで、ふだん使っている自分の言葉で書けばよいこと。

・文に書けば、読んでくれる人にも伝えられること。

・書けば、気持ちがすっきりすること。

「なんでもノート」に書いたことが、日記・記録文・生活文・意見文・詩を書くときに役立ちます。

《2》一つのことをえらんで書こう
――心が動いたことを日記に書く

1　日記の書き方

しばらくは、こんなふうに書いてみましょう。

四月一四日（月）晴れ
○朝、校ていでおにごっこをやってとてもおもしろかった。
●ジャガイモを花だんにうえた。
○五時間目の音楽のとき、みんな前に出て、楽しくうたった。

ジャガイモを花だんにうえたこと

四年　染谷　有子

３時間目、わたしたちは、ジャガイモをうえました。

はじめにみんなが、スコップで土をやわらかくしていきました。その時、中村先生が、ジャガイモを半分に切っていました。うまいなあと思いました。わたしは、その切ったジャガイモをもらうと、こんどは、はいをつけました。わたしは、なぜはいをつけるのかと思っていました。

それから、わたしは、その半分に切ったジャガイモを花だんにうえました。はやくできるといいなあと思いながら、ジャガイモをうえました。

わたしは、夕ごはんの時に、おかあさんに、

「なぜジャガイモに、はいをつけるの。」

・なぜ、はいをつけるのだろうと考えたのがいい。

・帰って、はいについて聞いているのがとてもいい。

ときいてみました。おかあさんは、
「何で、だろうね。」
なんて、いっていました。すると、おじいちゃんが、
「はいをつけると、くさりにくくなるんだよ。」
とおしえてくれました。（中略）
　わたしは、お水のこともきいてみました。お水は、
「そんなにいらないんだよ。」
とおしえてくれました。雨のふる日は、その雨が
お水のかわりになるからと言っていました。でも、
からからになった場合は、あげなくちゃね、とも
言っていました。するとおばあちゃんが、ジャガ
イモは、しぜんで育つんだよとおしえてくれました。
　わたしは、ジャガイモほりはしたことがあるけ
れど、うえるのははじめてだったので、とてもた
のしかったです。

・さすがおじいちゃん。何でもよく知っている。

・「はじめてのこと」、また、日記に書くといいね。

この日記には、受け持ちの田中先生がこんなコメントを書いています。


この日記が植えた時の記録にもなりますね。いつごろ芽を出し、花がさくか。そして、いつごろ、ジャガイモができて、カレーライスにでもして食べられるのか、とても楽しみですね。

染谷さんは、なぜだろうと思ったことを、そのままにしないで、家へ帰ってからもたずねてみたのですね。そこがとても気にいりました。そうしたら、さすがおじいちゃんです。今までのけいけんから、ちゃんと知っているのですね。

これからも、おじいちゃん、おばあちゃんに、いろんなことを教えてもらってください。

2　日記は、「何を」書くかをはっきりさせること

さて、この日記の「書き方」のよいところは、どんなところでしょう。

①日付・曜日、天候を書いていること。
②一日の出来事を三つあげていること。
③そのうちの一つを書いていること。
④題を書いていること。
⑤出来事の順にかいていること。

なぜ、こういう書き方がよいのか、その理由をあげられますか。

日時や、曜日、天候を書くと、その出来事がいつあったかが、記録されること。「三つの事柄をあげること」、それは、一日の生活のいろいろなことをふりかえる機会になること。そのなかから、「一つ」えらぶことは、その日、一番心に残ったのは何かをはっきりさせることになること。

日記には、いろいろな出来事を書くわけにはいかないので、そのなかから書きたいことをはっきりさせていること。題をつけて書いていくと、書きたいことの中心がわかり、そのことや、その場面を詳しく書くようになること。

こんなよさがあるので、時どき、この書き方をまねしてほしいと思います。でも、表現は、書きたいように書けばよいのでしたね。

3　書きなれたら

書きなれてきたら、はじめの三つの出来事は、書かなくてもよいでしょう。書かなくても、頭のなかに、いろいろな出来事を思い浮かべることができるようになるからです。そして、一日のうちの、一ばん心にのこったことを「えらぶ」ことができるようになるからです。

自分からすすんで、お米とぎをしたら、ほめられた。うれしかったから、この日の日記は、ちょっとくわしく書いておこう、こう思って清野さんは日記に書きました。

五月九日（水）天気（くもり）

お米とぎをしたこと

三年　清野　しょうたろう

きのう、学童から帰ってきてから、お米とぎをしました。知《ち》花《か》がおかまをあらいました。ぼくは、お母さんに、

「何合《ごう》。」

と聞きました。お母さんは、

「三合。」

と言いました。

ボウルにお米をカップで三合はかっていれました。ぼくは、ボウルに水を入れてとぎました。水は、つめたかったです。三回くりかえしました。水は、白色からとうめいにかわりました。

おわったら、お米をおかまのごはんをたくとこ

・といでいる時の様子を、こんどは、くわしく書いてほしい。

ろにいれました。水のりょうは、3のところまでやりました。そしてコンセントをさして、「メニュー」と書いてあるところを一回おして、それから赤いボタンをおしました。

ぼくは、

「おわったよ。」

と言いました。お母さんが、

「ありがとう。」

とやさしく言ってくれました。


ぼくは、うれしかったので、またやろうと思いました。

・したことをていねいに思い出して書いたのですね。

・ふりかえってこう思ったのですね。

《3》「ある日型」と「いつも型」を区別して書こう

1　作文は、二つのなかま（型）に分けられる

ある時、ツルピカ先生は、三年生の子どもたちに、「書きたいこと」を一つ選んで、作文に書いてもらいました。「竹馬にのってあそんでいることでも……」と先生が言ったこともあったのかもしれませんが、「竹馬のこと」を書いている人が何人もでてきました。

ツルピカ先生は、「竹馬のこと」を書いた作文を読んでいるうちに、大きな発見をしました。

「竹馬」の作文は、二つのなかま（型）に分けられる。

さっそく、ツルピカ先生は、「竹馬のこと」を書いた作文を、(A)と(B)に分けはじめました。すると、**どの作文も、二つのなかま(型)に分けられる**ことに気づきました。

さあ、ツルピカ先生は、どんな「ちがい」を見つけて、作文を二つの「型」に分けたのでしょう。次の、二人の作文を読み比べて、「ちがい」を見つけましょう。

(A)たけうま

三年　よし田　みゆき

① きのうのひる休みに、たけうまにのっていたら、たいらさんが、「のれた。」といいました。わたしが、

「なんぽ。」

ときいたら、

「じゅっぽ。」

といいました。

②　わたしもちょうせんしたら、五ほあるけました。
あんなちゃんが、
「すごい。」
といってくれたので、わたしはうれしくなって、
どんどんつづけました。

③　そしたら、あんなちゃんが、
「あおのとびばこからピンクのとびばこまできて。」
といったから、わたしと平さんがいきました。そしたら一回しっぱいして、二回しっぱいして、三回でやっといけました。つぎは、きょりをはなして、やってみたら、ひっかかってばかりでした。

□昼休みのことから書き出している。
・平さんが声をかけてくれた。
・五歩歩けてうれしくなった。
・なかなか思うようには歩けない。

④ あんなちゃんがたけうまの先生で、テストのれんしゅうをしました。そして、あんなちゃんが、
「あしたは、テストだよ。」

といいました。わたしは、れんしゅうしなくっちゃと思いました。

⑤ あしたになって、そうじがおわったらすぐに自分でつかっているやつを早くとって、テストをうけたいなと思いました。ほかのやつだったらやりにくいから、早くはしっていこうと思っています。

・テストのれんしゅうをした。

・明日、なれている竹馬を使ってテストを受けたい。

みゆきさんの作文は、「いつ」「どこで」「どうしたか」「どう思ったか」を書いたのかをまとめておくと、次の、作文との「ちがい」が分かるかもしれませんね。

(B)竹馬のれんしゅう

三年　小川　彩乃

①わたしは、いつも竹馬にのっています。先生に、「竹馬にのってもいいんじゃない。」といわれてから、友だちと、毎日のようにやっています。

②わたしは、すこし前から竹馬をやっていたから、友だちにやりかたとかもすこしおしえています。はじめは、友だちに、「いいね。うまくできて。」といわれていたけど、おしえているうちにみんなも、うまくなってきました。

③でも、みんなは、のる所を、横にむけてやっているけど、ほんとは、ぼうの上の方をすこし中に

・竹馬にいつものっている。

・みんなに竹馬ののりかたを教えている。

・竹馬の上手な乗り方。

して、下の方を、ほんのすこしだけ外にひらくと、うまくのれます。そして、ぼうを、前の方にすこしななめにしてやらないと、うしろにひっくりかえってしまうのです。ぼうも、できるだけあっているものをえらびます。

④このごろは、二十分休みになると、いつもきょうとう先生の所へいって、

「体育そうこのカギありますか。」

と言って、カギをかりて、体育そうこにかけていきます。すると、たいてい、友だちがきてまっています。

⑤いつもたのしくなってくると、二十分休みのおわりのチャイムがなってしまいます。ああつまんないと思います。でも、昼休みがあるからいいと思います。そして、昼休みがおわると、あしたが

・このごろはみんなも竹馬がすきになっている。

・毎日、竹馬ができ

あるからいい。あした、また竹馬をやろうと思います。それも毎日。毎日、毎日、そう思います。

るのを楽しみにしている。

みゆきさんの作文は、きのうの昼休みのことで、彩乃さんは……

彩乃さんは、竹馬が上手だけど、みゆきさんは、だんだんうまくなっている。

いいところを考えているね！

(A) ある日、ある時のことで、心に感じたことを書いた作文
(B) いつも思っていること、考えていることを書いた作文

　ツルピカ先生は、こんなふうに分けました。

　そのあと、ツルピカ先生は、みゆきさんと彩乃さんの作文を使って、「二つの作文のちがいをみつけよう」という、授業をしました。

　みなさんも、もう一度「竹馬」の作文を読んで、二つの作文の書き方の「ちがい」を見つけて、「なんでもノート」に書き出してみましょう。

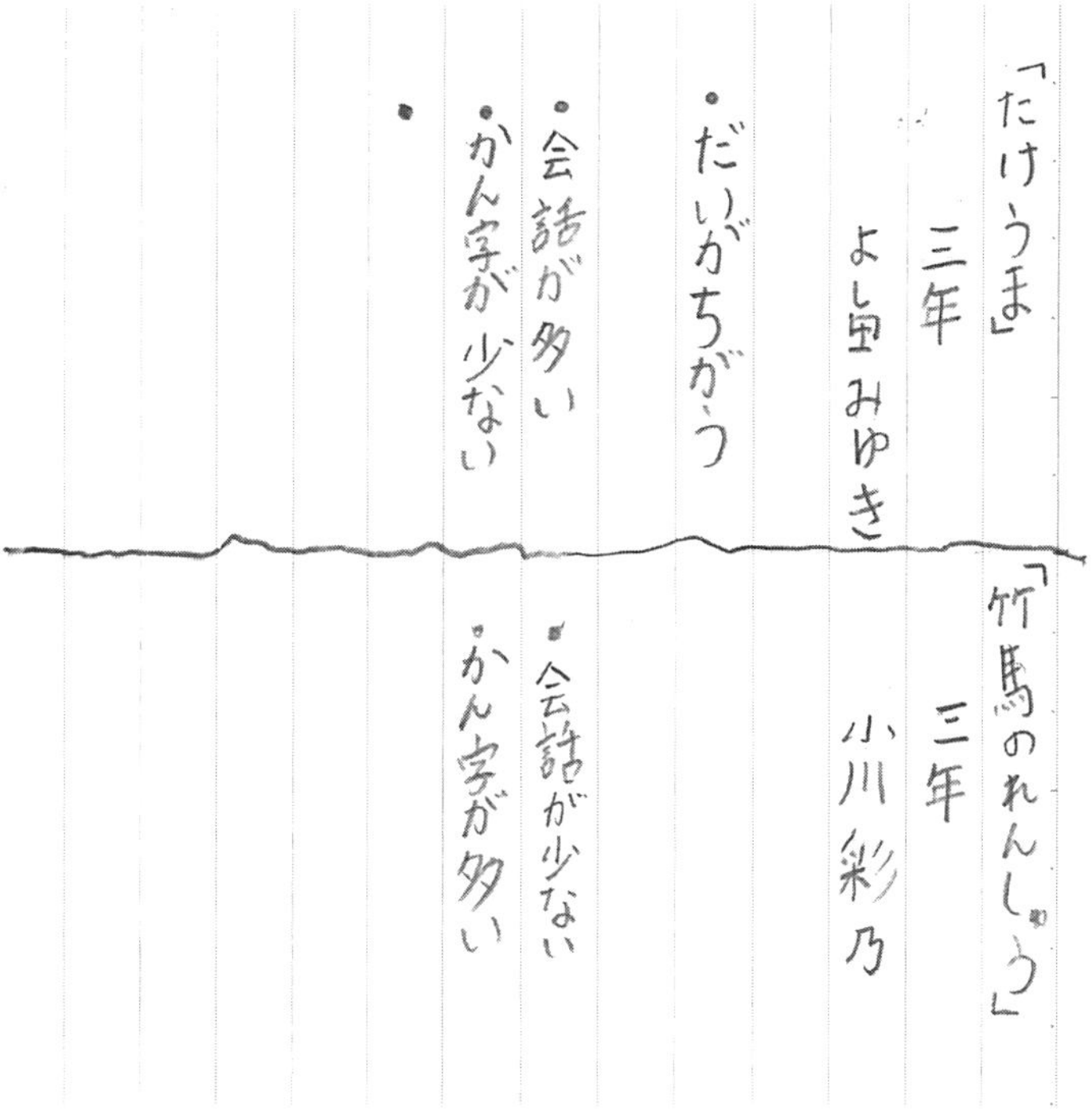
「たけうま」
三年
よし田みゆき
・だいがちがう
・会話が多い
・かん字が少ない
「竹馬のれんしゅう」
三年
小川彩乃
・会話が少ない
・かん字が多い

2　二つの作文のちがいを見つけよう

さっそく発表をしてもらいました。ちがいだったら、「何でもいいんだよ」「ぱっと見て気づいたことでもいいんだよ」といったら、「お笑い」のすきな章介さんが、さっと手を挙げて

「『え』がちがいます。」

先生も、みんなもおもわず「えー」とさけんでしまいました。さすが章介さんです。そのあと、「題がちがう。」「書いた人がちがう。」、だいじなところに気がついてくれて、ツル

たけうま

三年・よし田みゆき

① きのうのひる休みに、たけうまにのっていたら、たいらさんが、
「のれた。」

といいました。わたしが、

「なん回。」

ときいたら、

「じゅっ回。」

といいました。

② わたしもちょうせんしたら、五回あるけました。あんなちゃんが、
「すごい。」

といってくれたので、わたしはうれしくなって、どんどんつづけました。

③ そしたら、あんなちゃんが、
「あお色のとびばこからピンクのとびばこまできて。」

といったから、わたしとお母さんがいきました。そしたら一回しっぱいして、二回しっぱいして、三回でやっといけました。つぎは、あまりをはなして、やってみたら、ひっかかってばかりでした。

④ あんなちゃんがたけうまの先生で、テストのれんしゅうをしました。そして、あんなちゃんが、
「あしたは、テストだよ。」

といいました。わたしは、れんしゅうしなくっちゃと思いました。

⑤ あしたになって、そうじが終わったらすぐにじぶんでつかっているやつをはやくとって、テストをうけたいなと思いました。ほかのやつだったらやりにくいから、はやくはしっていこうと思っています。

竹馬のれんしゅう

三年・小川　彩乃

① わたしは、いつも竹馬にのっています。先生に、
「竹馬にのってもいいんじゃない。」

といわれてから、友だちと、毎日のようにやっています。

② わたしは、すこし前から竹馬をやっていたから、友だちにやりかたとかもすこしおしえています。はじめは、友だちに、
「いいね。うまくできて。」

といわれていたけど、おしえているうちにみんなもうまくなってきました。

③ でも、みんなは、のる前を、横にむけてやっているけど、ほんとは、ぼうの上の方をすこし中にして、下の方を、ほんのすこしだけ外にひらくと、うまくのれます。そして、ぼうを、前の方にすこしななめにしてやらないと、うしろにひっくりかえってしまうのです。ぼうも、できるだけあっているものをえらびます。

④ このごろは、二十分休みになると、いつもきょうとう先生の所へいって、
「体育そうこのカギありますか。」

と言って、カギをかりて、体育そうこにかけていきます。すると、たいてい、友だちがまっています。

⑤ いつもたのしくなってくると、二十分休みのおわりのチャイムがなってしまいます。ああつまんないと思います。でも、昼休みがあるからいいと思います。そして、昼休みがおわると、あしたがあるからいい。あした、また竹馬をやろうと思います。それも毎日。毎日、毎日、そう思います。

ピカ先生はうれしくなりました。

そこで黒板を二つに分ける線を横に引きました。「この線は何の線だか、分かりますか。」「わかりませーん（線）。」

ツルピカ先生は、上の段の右端に、「たけうま」と書きました。「ここは。」と下の段をさすと、子どもたちは「竹馬のれんしゅう」と声をそろえて言ってくれました。その横に、三年と書いたら、「よし田みゆき」「小川彩乃」とこたえたので、配った紙を半分にして折り目をつけてから、題と名前を写してもらいました。そして、読み比べながら「ちがい」を見つけて、発表してもらいました。

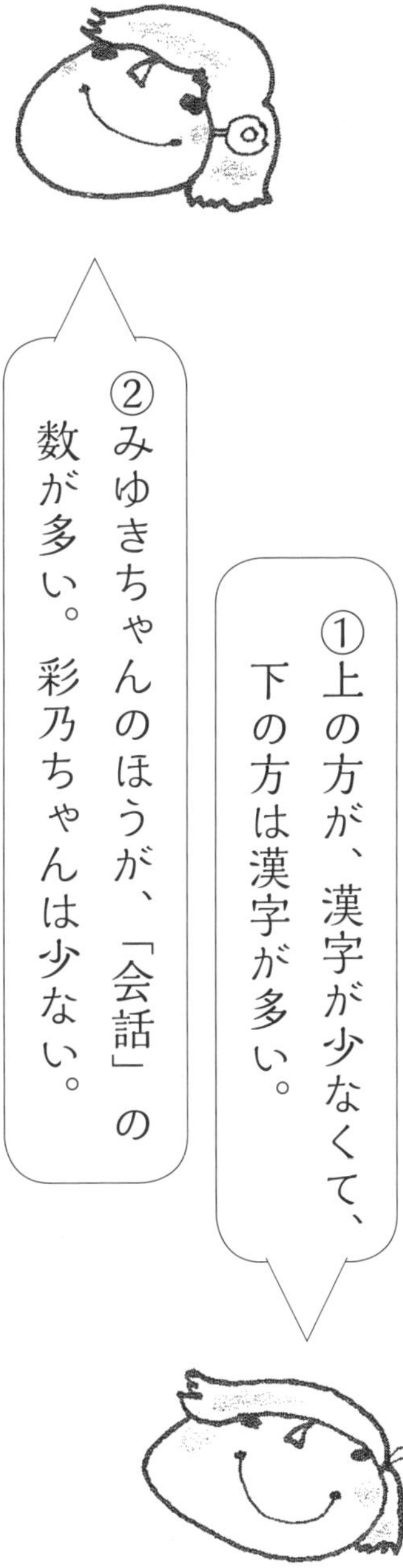
①上の方が、漢字が少なくて、下の方は漢字が多い。
②みゆきちゃんのほうが、「会話」の数が多い。彩乃ちゃんは少ない。

③みゆきちゃんは、竹馬が上手になって、ほめられてうれしかったことを書いているけど、彩乃ちゃんは、竹馬が上手で、楽しくって毎日やりたいということ。

④上のほうは、たいらさんとかあんなちゃんと名前が書いてあるけれど、下は、「友だち」と書いている。

ほーっ、すごいとことに気がついた。

⑤みゆきちゃんは、竹馬の練習中。彩乃さんは、竹馬の先生みたい。

「内容・主題のちがい」

こんな意見がでてきたところで、ツルピカ先生は、ここでちょっと整理しておこうと考えました。そこで、③と⑤は、何のちがいかを考えてもらいました。

ちょっとむずかしいかなと思ったのですが、陽子さんが、「これは、書きたいことや気持ちのちがいです。」と言ってくれました。同じ「竹馬のこと」を書いていても、「何を」にあたる・内容（主題）のちがいであることをみんなもわかってくれました。

「組み立て」のちがい

「何を」が出てきたところで、「どんな組み立て」で「どう書いているか」、書き方のちがいについて、気づいたことを言ってもらいました。

みゆきさんの作文は「出来事の順」に書いている。

待ってました！

ここまでは、よかったのですが、「では彩乃さんの文章の組み立ては、何と言ったらいいですか。」といったら、みんなこまった顔をしてしまいました。

出来事の順ではない。

したことの順ではない。

そのままでもいいのですが、彩乃さんの組み立ては、「考えた順」とも言えることをみんなで確かめました。

「〜ました。」と「〜ます。」、文末表現のちがい

「書き出し」の文からも、ちがいが見つかりますね。」ときいてみたら、文の終わりに目がいって「……ました。」と「……います。」と、文の終わりの表現（文末表現）がちがうことを見つけました。

「ある日」のことと「いつも」のこと

さらに、「たけうま」は、「きのうの昼休みのこと」で「竹馬のれ

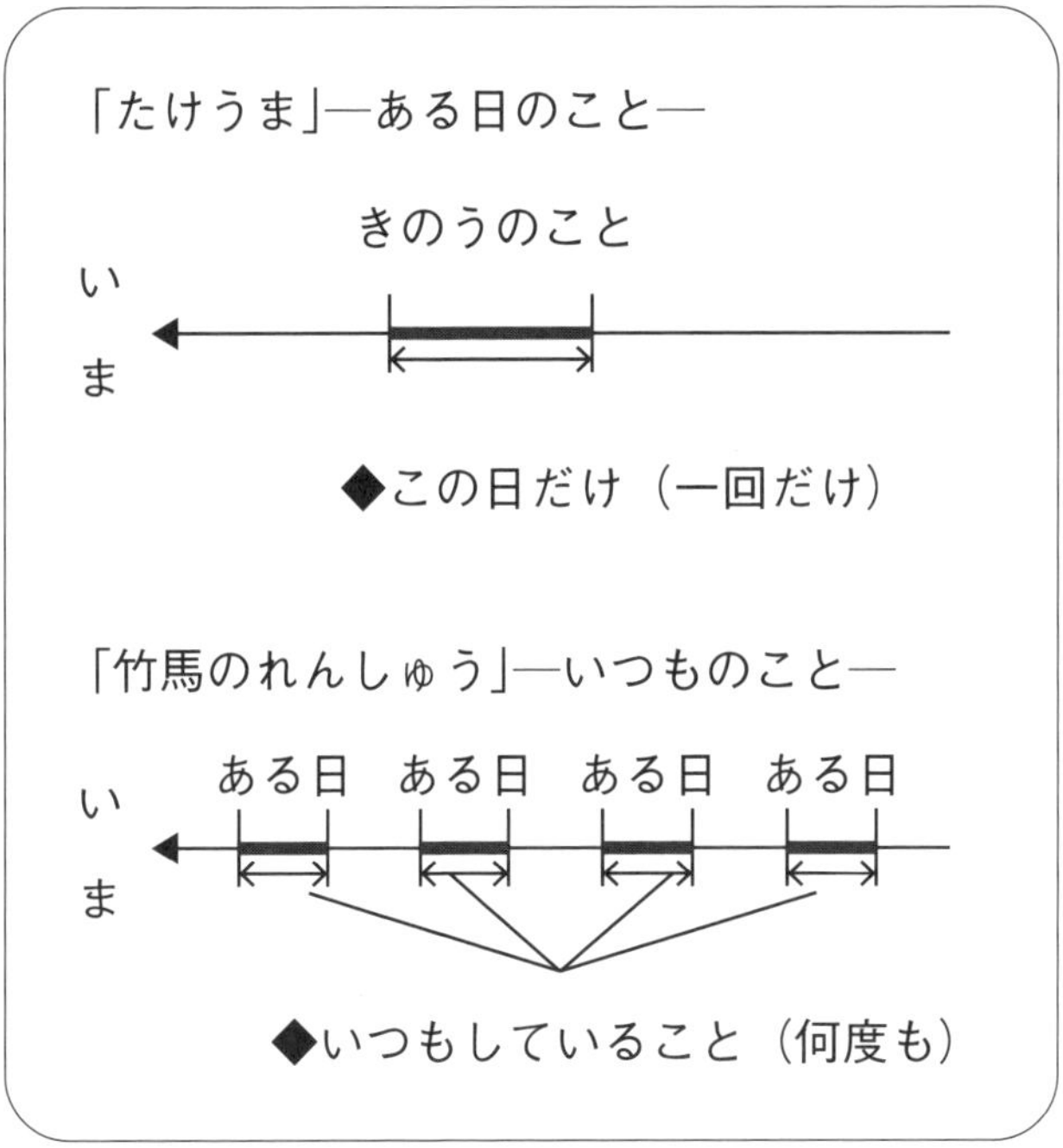

「たけうま」—ある日のこと—
きのうのこと
いま
◆この日だけ（一回だけ）
「竹馬のれんしゅう」—いつものこと—
ある日
ある日
ある日
ある日
いま
◆いつもしていること（何度も）

んしゅう」は、「いつも」のことを書いているということにも気づいてくれました。

「いつも」に対して「きのう」ということから、「ある日のこと」「いつものこと」というキーワードが見つかりました。

「よし、ここまで見つけられれば十分だ」と思って、二つの作文の、「書き方のちがい」をまとめることにしました。

『たけうま』みゆき

「ある日」、竹馬にのった時のことを、よく思い出して、したことの順に、「……しました。」「……しました。」と書いた作文。

『竹馬のれんしゅう』彩乃

「いつも」している竹馬ことを、まとめて、考えた順に、「……です。」「……ます」と書いた作文。

時間の順に書くのではなく、乗るようになった「きっかけ」、ここは「乗り方」と、まとめて書くんだね。

友だちの名前も、その時の会話もたくさん入れて書いていたね。

名前をつける

ツルピカ先生は、「ある日、思ったこと」を書いた作文と「いつも思うこと、考えていること」を書いた作文に名前をつけようと考えました。

みんなで話し合い、二つの作文のちがいを、書き方の「型」と考えて「ある日型」と「いつも型」という名前をつけました。

「ある日、あるとき思ったこと」→「ある日型」の作文
「いつも思うこと・考えていること」→「いつも型」の作文

「ある日」「ある日」とくりかえし言っているうちに、「ある日型」の作文の、テーマソングもうかんできました。

その話をしているうちに、いつのまにか、「森のくまさん」の歌の合唱になってしまいました。

♬
ある日、森のなか　クマさんに　出会った
花咲く　森の道　クマさんに　出会った
クマさんの、いうことにゃ
「おじょうさん　おにげなさい」……

「いつも型」は、「手のひらを太陽に」だね。

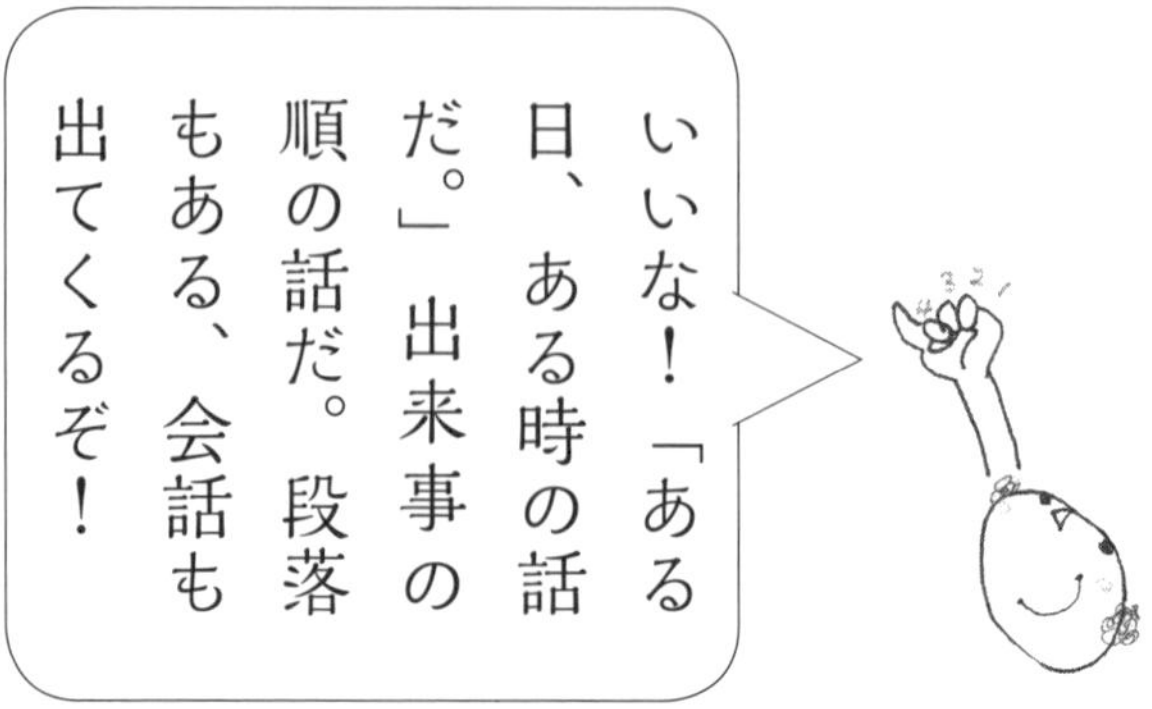
いいな！「ある日、ある時の話だ。」出来事の順の話だ。段落もある、会話も出てくるぞ！

文章の「書き方」のだいじな勉強ができたと思ったツルピカ先生は、つぎのようなまとめをして、もう一度、みんなで勉強のふりかえりをしました。

「ある日型」と「いつも型」作文の書き方のちがい

作文の題	「たけうま」	「竹馬のれんしゅう」
書いた人	吉田　みゆき	小川　彩乃
書きたいこと（主題）	竹馬に上手にのれるようになってうれしかったこと	竹馬が大好きなこと
書いてあることがら	・上手になったこと ・昼休みに練習したこと	・上手 ・竹馬の乗り方や、教えていること
いつのことか	・ある日のこと ・一回だけのこと	・いつものこと ・何回かあったこと
組み立て	・時間の順に書いている ・出来事の順 ・したことの順に書いている	・考えた順 ・出来事の順ではない ・したことの順ではない
文に終わりの形	・「〜しました」「〜しました」 ・「〜ました」「〜ました」と書いている（過去形表現）	・「〜ます」「〜ます」 ・「〜します」「〜します」と書いている（現在・未来形表現）
文章の型	「ある日型」	「いつも型」
テーマソング	「森のくまさん」	「手のひらを太陽に」

《4》「小さなこと」を「大きな出来事」にして書こう

――「ある日型」の文章を書く

まずは、次の作文を読んでみよう。

「いつ」「どこで」「どんなこと」があったのか、しっかり読むんだね。

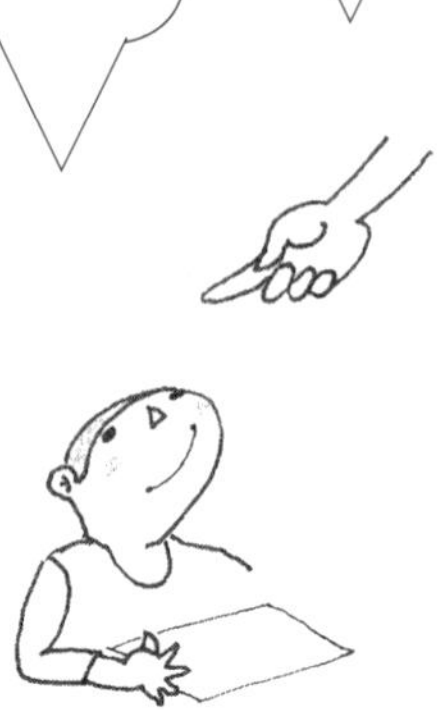

ツマグロヒョウモン

四年　渡島《わたしま》　凌《りょう》

昨日、スイミングクラブから帰ったあと、工藤《くどう》君と遊ぼうと思い、呼びに行きました。すると工

〈はじめ〉
・工藤くんを呼びに

藤君が家の近くの公園のキクの花の前で、じっとしていました。

ぼくが、工藤君に、

「何してるの。」

と聞いたら、工藤君は、

「ツマグロヒョウモンのお世話。」

と言っていました。

工藤君が今、世話をしているツマグロヒョウモンというチョウは、水曜日のほうか後に、校庭でつかまえたチョウです。つかまえる時、ツマグロヒョウモンをぐっとつかんでしまったようで、少し弱って飛べなくなってしまったそうです。だから今、また飛べるようにと世話をしているそうです。

ツマグロヒョウモンをキクの花の上に乗せて、

行った。

〈なか〉
・工藤君との会話。
・工藤君の会話についての説明。
・工藤君の行動。

みつをすわせている途中《とちゅう》でした。よく観察してみると、顔のところ、人間でいうと口のところにあるストローのようなもので花のみつをすおうとしています。

工藤君が、

「飛べるようになったらにがすけど、死んじゃったら標本にする。」

と言っていました。そう言えば友達から、工藤君がいくつも標本をもっていることを聞いたことがあります。工藤君が、

「標本にするには……、まず羽の所とかに、針をさす。」

と言ったので、ぼくがまた、

「針をさすのは、どれくらいかかるの。」

と聞くと、工藤君が、

「一日で終わるよ。」

・よく見ていたから、こう書けたのですね。

・思い出したこと。

・標本のことについての会話。

と言いました。そして、

「あとは、一か月くらい、おいておく。」

と、チョウを見ながら言いました。

ツマグロヒョウモンは、みつをすうのをやめたので、いったん工藤君のうちの前にもどりました。そして、ツマグロヒョウモンを、とってきたキクの葉にのせているとき、工藤君からこんな話を聞きました。

「沖縄では、ここでふつうに飛んでいるアゲハチョウや、モンシロチョウがめずらしくて、ここでは、沖縄にしかいない、リュウキュウアサギマダラがめずらしいんだよ。」
工藤君に、チョウのことをいろいろ教えてもらって、チョウにも不思議なことがいっぱいあることを、あらためて知りました。

・家の前で聞いた話。
よく聞いていたから書けたのです。

〈おわり〉

・ふり返って思ったこと。

時間としては、短いあいだのことを書いている。

工藤君の話で、チョウのことがいろいろわかってきたことを書きたかったんだ。

「昨日のこと」を書いたので、「ある日型」の作文かなあ。でも……

そうじゃ、「ある日型」の作文と考えていいんじゃ。**ゴシック**のところをとばして、もう一度読んでごらん。

1　「小さなこと」を題材に

どこかへ出かけた大きな出来事を書くよりも、渡島さんのように、生活のなかで起きる、短い時間の「小さなこと」を見つけましょう。

①思わずしたこと、むちゅうになったこと。
②かわったこと。
③はじめてのこと。
④めったにないこと。めずらしいと思ったこと。
⑤いつもこうなんだと思ったときのこと。
⑥強く心をうごかされたこと。
⑦こうなるといいな、こうだとよかったのにと思ったこと。
⑧空想したり、想像したりしたこと。

こんなふうに感じたり、思ったりしたときのことを、「したとおり」、時には「説明を入れて」書いてみましょう。すると、「小さなこと」でも、心のなかに「大きなこと」として残っていることに気がつきます。

2 「大きな出来事」にするには

「何に心がうごいたのか」を確かめる

工藤くんと遊ぼうと思い、出かけた渡島さんが、遊びのことを書かないで、「ツマグロヒョウモン」のことを作文に書いたのは、なぜでしょう。

工藤くんに会い、ツマグロヒョウモンを観察しながら、工藤くんに話してもらったことが、心にビ、ビーンと、ひびいて不思議なことがいっぱいあるものだと思ったのです。だから、そのことをえらんで作文に書いたのです。

この、心にビ、ビーンとひびいたこと、「何に」心が動かされたのかをはっきりさせると、ことがらの「中心」が見えてきます。その場面も浮かんでくるでしょう。

心が動かされたこと、ことがらの「中心」をはっきりさせる、その「場面」をしっかりとおさえる。これが「大きな出来事」として、心のなかに位置づけるための第一歩です。

3　中心場面を頭のなかで再生する

ことがらの「中心」あるいはその「場面」がはっきりしたら、みなさんも、渡島さんになって、その場面を頭のなかのスクリーンに、順に映して（再生）みましょう。

ぼくが、きくの花の前でじっとしている工藤くんに話しかけた。工藤君はツマグロヒョウモンの世話をしているのだと答えた。そうか、ツマグロヒョウモンの世話をしていたんだ。

そういえば、前にも、つかまえたチョウの話をしていた、あれはたしか水曜日のことだった。少し、弱ってとべなくなってしまったと言っていた、あのチョウことか。

――こんなふうに再生していきましょう。

ぼくも、思わずチョウを見た。ツマグロヒョウモンを

きくの花の上に乗せて、みつをすわせている途中だった。ぼくも、いっしょになって、よく観察してみると、ストローのようなもので花のみつをすおうとしている。すごい。

するとエ藤君が、「死んじゃったら標本にする」といった。そういえば工藤君が、標本をいくつももっていることを思い出した。工藤君が、標本の話をしてくれた。「針をさす。」と言う話を聞いていて、ぼくは、針をさすのには、どのくらいかかるのかと思ってきいたら、工藤君が「一日で終わるよ」と教えてくれた。そして、その標本は、一か月ぐらいで、完成すると工藤君は、チョウを見ながら、そして、ぼくの顔を見ながら話してくれた。

そして、チョウがみつをすうのをやめたので、工藤君の家の前にもどった。そして、工藤君がツマグロヒョウモンをキクの葉にのせながら、ここらへんと沖縄では、とんでいるチョウがちがうことも話してくれた。へえー、そうなんだと、ぼくは思った。

こんなふうに再生してみるのです。そうすると、ちょっとの時間の、小さなことだったけれど、ずいぶん「大きな出来事」を体験していることに気づくでしょう。これが「小さなこと」を「大きな出来事」にするコツです。

4 「はじめ」「なか」「おわり」の書き方

「はじめ」はかんたんに

心にビ、ビーンとひびいた中心部分の出来事をわかりやすく説明するような役目をしているのが文章の「はじめ」です。前置きのようなものです。ですから、ここは「いつ」「どこで」「だれと」「どんなこと」をしているときに、その出来事がはじまったのかをかんたんに書けばよいところです。

中心部分をくわしく書く

文章の「なか」にあたる中心部分は、「くわしく」書くことが原則です。

この時の、書き方は、先ほど頭のなかで、中心場面を「再生」したように書くとよいでしょう。

まずは、したこと、見たことを「出来事の順」に思い出しましたね。ですから書くときも、順によく思い出して書くというのが基本です。前に、あったこと（過去のこと）を思い出して書くのですから、「……しました。」あるいは、「……した。」と過去形表現が多く使われます。

では、じっさいに渡島さんが見たことやしたことをどんなふうに書いているかをもう一度ふり返ってみましょう。

□その時の会話

・ぼくが、工藤君に、

「何してるの。」

と聞いたら、工藤君は、

「ツマグロヒョウモンのお世話。」

と言っていました。

□相手の行動や様子

・ツマグロヒョウモンをキクの花の上に乗せて、みつをすわせている途中《とちゅう》でした。

□自分のしたことや見たこと

・よく観察してみると、顔のところ、人間でいうと口のところにあるストローのようなもので花のみつをすおうとしています。

□話した時の様子や場面

・「……。」と、チョウを見ながら言いました。

・ツマグロヒョウモンを、とってきたキクの葉にのせているとき、工藤君からこんな話を聞きました。「……。」

□思ったこと

・そう言えば友だちから、工藤君がいくつも標本をもっていることを聞いたことがあります。

□読む人のための説明

・工藤君が今、世話をしているツマグロヒョウモンというチョウは、水曜日のほうか後に、校庭でつかまえたチョウです。つかまえる時、ツマグロヒョウモンをぐっとつかんでしまったようで、少し弱って飛べなくなってしまったそうです。だから今、また飛べるようにと世話をしているそうです。

そのときに「思ったこと」をつけ加えたり、読む人によくわかるように説明を加えることがあります。このときには、「……ます」「……です」という表現が多く使われます。

また、この部分は、説明を間にはさんだだけで、このあとの文章は、前のところの出来事にもどって、その続きを書くようになります。

これも「小さなこと」を「大きな出来事」として表現するときには、役に立ちます。

「おわり」もかんたんでよい

「ある日型」の文章は、中心部分である「なか」がくわしく書けていれば、読む人は、そこから書いた人の気持ちや考えを読み取ることができます。ですから、終わりはかんたんな書き方でもよいでしょう。

でも、全体をふり返って、どうしても気持ちや考えを書きたいときには、しっかりと最後に、その思いや考えを書いてまとめるとよいでしょう。

5 「ある日型」の作文を書くときのコツ

①ある日、ある時、あるところであったことを題材にえらぶ。
②いつ、どこで、だれが、何をしたかが、文章全体でわかるようにする。

③出来事のはじまりから、順（時間に経過にそって）に書く。
④自分のしたことや見たこと、相手のことやまわりの様子なども、よく思い出して書く。
⑤ものの形や動き、色、大きさ、手ざわり、においなど、五感でとらえたことも書く。
⑥自分が話したり、相手が話したりした言葉は、「　。」を使って書く。
⑦考えたり思ったりしたことは、そのつど書く。
⑧読み手によく伝わるように、必要な説明を入れて書く。

《5》「いつも思っていること・考えていること」を書く
――「いつも型」の作文を書こう

「いっしょうけんめいしていること」
「すきなこと」「こまっていること」
「大切な人」
「知らせたいこと」
「願い」「夢」「意見」

村瀬さんは、マラソン大会のことをいつも考えています。
「今年も、ぜったい一位になりたい」
「いつも」思っていることを、作文に書くことにしました。
この作文は「いつも型」になると思ったので、「二つの作文のちがい」をもう一度読みなおしました。

　そして、「マラソン大会で一位になりたいといつも思っていること」と関係のある、これまでのマラソンのことや、コースのこと、気になるライバルのことなどをえらんで、短冊に書きました。それを、説明しやすいように順番にならべました。

　これで、一位になりたい気持ちを伝えるための、大事なことがえらべたので、「ちょっとひと休み」と思ってまどをあけました。するとサーッと風が入ってきて、ならべた短冊がばらばらになってしまいました。

（　）走るのがすきなこと

さあ、あなただったら、どんな順番にならべるか短冊に番号をつけてみよう。

《5》「いつも思っていること・考えていること」を書く

（　）走るコースについて

（　）二年れんぞく一位だったこと

（　）マラソン大会の時のこと

（　）今年も一位をとりたいと思っていること

（　）気になる人がたくさんいること

構成表を作る

村瀬さんは、「今年も、ぜったいに一位になりたい」という思い（主題）をどんな順に伝えるかを考えて、短冊に番号をつけました。

　そして、作文全体がどうなるかを考えるために組み立て表をつくりました。

主題	今年も、マラソン大会でぜったいに一位をとりたい。
題	マラソン

一	二	三	四	五	六
二年れんぞく一位だったこと	マラソン大会のときのこと	走るのがすきなこと	走るコースについて	気になる人がたくさんいること	今年も一位をとりたいと思っていること

記述のしかたを考える

　一つ一つのことがらを、どのように書いたらよいか、まとまりごとに考えました。

書く順序	書くこと・書き方
（一）二年れんぞく一位だったこと	今までの成績のこと。ここは、これまで一位をとってきたことを、かんたんに書く。前のことを書くときの文の終わりは、「しました。」「しました。」と書く。
（二）マラソン大会の時のこと	ここはマラソン大会のこと。さいしょはきんちょうしているけれど、走り出すと、きんちょうが消えてしまうことを、説明するように、「……です。」「……ます。」と書く。
（三）走るのがすきなこと	走るのがすきなこと。今も、練習していることなどを、ここにまとめて書く。
（四）走るコースについて	走るコースを、順に思い出して、ここはコースについて説明する。
（五）気になる人がたくさんいること	気をつける人はだれかをよく思い出す。どんなことに気をつけるかも書く。ぼくだけじゃなく、みんないい成績を取りたいと思っているから、そのことも入れる。
（六）今年も一位をとりたいと思っていること	ここは最後のまとめとして書く。たくさん練習して、一位をとりたいと思っていることをはっきり書く。

一番書きたいことは何か、それをわかってもらうためにひつようなことがらをえらんで、「何を」書くかをたしかめました。それを順にならべて、作文の構成もしっかりと立てました。そして、それぞれのことがらを、ひとまとまりの段落にして、どう書いたら読む人にわかるように伝えられるかを考えながら、一文一文を、「まとめて説明するように」書きました。

さあ、村瀬君さんはどんな作文を書いたのか読んでみましょう。

マラソン

三年　村瀬　大征

（一）　もうすぐマラソン大会があります。ぼくは一年生と二年生はれんぞく一番でした。

（二）　マラソン大会では、さいしょにじゅんびたいそうをします。次に去年一位から二十位の人が先に走ります。さいしょはきんちょうしますが、「よーいドン」といっしょにはじめの一歩をふみ出したら、なぜかきんちょうが消えます。

（三）ぼくは走るのがすきです。今は体育の時間にマラソンの練習をしています。その練習では一位になりました。後ろの方の人たちには、一しゅうさや二しゅうさをつけました。早く、げん地練習でみんなとともに走りたいです。

（四）マラソンのコースのさいしょは直線で、その後曲がります。曲がったら右がわに海が見えます。船がいっぱいあります。その次に、ちゅう車場があります。そして、左がわに野球場が見えてきます。また、しばらく行くと、まるい石があった記おくがあります。

（五）気をつける人はかわ田君です。体育の時、近くにいます。かわ田君は、去年四位、おととし四位です。たぶん一位をねらっています。去年の二位は、ふく田じょうたろう君です。おとと

し、じょうたろう君は、三位でした。そして去年二位です。ぬかせなかった中島君をぬいたから、こんどは、ぼくをねらってくるかもしれません。気をつける人は、その二人です。じょうたろう君とは去年十秒さをつけました。ぼくは、一位と学校の新記録をねらいたいです。一位と学校の新記録を出すためには、毎日体育の時間にグランド十しゅうぐらい走らないといけないかもしれません。

（六）　毎日グランドを回って、れんぞく一位をとるためにがんばります。

［出典］

• 『あさぎり』第二二号・関東学院六浦小　二〇一二年

学年で一位をとる人は、ただ一生けんめい走るだけでなく、ふだんから練習のことだけでなく、コースもしっかりと頭のなかに入れておき、そして、ライバルのこともよく考えて大会にのぞんでいるのですね。

練習を一生けんめいやるだけでなく、ふだんからよく考

える、いろいろな角度から考えている村瀬さんだから一位がとれるのですね。また、そのマラソンのことを、まとめて説明している村瀬さんの文章表現力にも、ツルピカ先生は頭がさがりました。

この「いつも型」の文章の書き方は、「説明文」や「紹介文」「スピーチ原稿」「読書感想文」などを書くときに役立ちます。

《6》あなたの「物語」を書こう
――「何日にもわたって続いたこと」を書く

「このごろ、ぼうっとしてしまう」
それは、あの時はじまった……

やや長い間、何日間にもわたる出来事を、自分の心のうごきとむすびつけて書いています。
心のなかのことを、ありのままに書いています。

人やものを好きになること
それは、自分を見つめることです。
自分を高めることです。

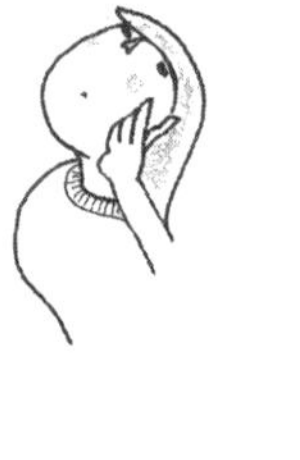

このごろの私は

三年　浅野　真由

（一）「いたっ。」
　体育の時間に、とびばこをやっていて、ちゃくちにしっぱいしてしまい足首をくじいてしまいました。

　キンコンカンコーン。チャイムがなり、二時間目の体育が終わりました。私は、左足をひきずって、ほけん室に行きました。

「しつれいします。」

　私は、ほけん室に入りました。ほけん室は、こんでいました。中みつ先生が、

「ゴメン。そこにすわってて。」

と言ったので、ソファーにすわりました。

　となりに、めがねをかけたお兄さんがす

■書き方についてのアドバイス
・「いたっ。」は、必要ですか。
・段落がしっかりととってあります。
・「言いました。」と書かないで、「入りました。」でわかるんだ。
・ここからお兄さん

わっていました。私だけに、「どうしたの。」とやさしく聞いてくれました。私は、じじょうを話しました。そしたら、めがねをかけたお兄さんが、

「ふ〜ん、そっか。」と、上の方を向いて言いました。私は、もう、その時から、ドキドキしてしまいました。

(はじめて、男の子に〝だいじょうぶ〟なんていわれちゃった。)と思いました。

それから、そのめがねをかけたお兄さんは、なんだか知らないけど、そうたいしました。

・その時の表情や、声をかけてくれた様子を、目に見えるように書くといい。
・この時は、上の方を見ながら言ったのですね。
・ありのままの気持ちが、よく書けています。
・ここは様子を書くといい。
登場。

私は、てあてをしてもらって、ケンケンで教室まで帰りました。

（二）それから、そのお兄さんのことがわすれられなくなってしまったのです。いつも、ぼーっとしてしまうのです。誰かから話しかけられても、十びょうぐらいたたないと気づかないぐらいになってしまいました。

きゅうしょくのはいぜんをしてもらうのにならんでいても、ぼーっとしているので前にすすまず、うしろの人につきとばされたこともありました。

（三）そんな日が三日ぐらいつづき、中みつ先生に、

「この前、そうたいしためがねの男の子って、何ていう名前なんですかー。」

と、どきどきしながら聞いたら、名前を言っ

・「ぼうっ」としている例をここではまとめて、二つ書いたのですね。

・ここからが、三日続いた後の出来事だね。

てくれたけど、聞きそびれてしまいました。

　そのことをふじ本さんに言いました。プロフィールにも、その人のことを書いてしまったので、こまさんやいそべさんやすず木さんたちは、そのことを知っているのです。

（四）
　それから、二日ぐらいたったとき、まどの外にそのお兄さんをはっけんしました。私は外にとび出して、その人のちかくに行きました。ふじ本さんが、

「あの人、好きな人って。」

と聞いてきたので、びっくりして、つい、

「そう。」

・聞き落として？
・話したくってしかたがなかったんですね。
・次へのつながりを考えて、こう書いたのですね。

と言ってしまいました。ふじ本さんが、

「名前しらないいんでしょ。」

と聞いたので、私は、

「う……うん。」

と答えました。ふじ本さんが、

「本人が、そこにいるんだから、聞けば。」

と、かるく言ったので、私は、あせって言いました。

「そんなことできないわよ。アッコちゃん、きいてきて。おねがい。」

と言って、ねばったら、

「じゃあ、名前、聞いてくればいいんでしょ。」

と言って、走って行って、

「名前、なんていうんですか。」

と、スパーッと聞いたので、私はびっくり

・「言ってしまいました。」からも、あわてている様子がわかります。

・一文は、会話ごとにできるだけ切って、その時の表情や行動をつけくわえる書き方をおすすめします。

したけど、お兄さん方は、
「わたなべだよ。」
と言ってくれたので、私は、
（うーん。やっぱりいい人。）
と思って、ふじ本さんにお礼を言いました。
　それから、あまり外に出なかった私は、毎日外に出る様になりました。

（五）

　そして、何週間かたったある昼休み。ラッキーなことに、三の一のボールがあって、私は、女子にドッジボールをしようとさそって、メンバーが三、四人。私がボールをなげたら、いそべさんが、ひょいとよけたので、後にいたわたなべくんのせなかにいきおいよくポンとあたってしまいました。私はあせりながら、
「ゴメンなさい。」

・ふじ本さんに話しておいてよかったね。
・（五）も、大事な出来事ですね。
・「であそびました。」と続けたほうがよい。

と言って、ドッジボールをつづけましたが、ドキドキしました。

（六）そんなことが、色々とあって、よくぼーっとして、でも、まだ、わたなべ君が気になります。

・今の気もちで終わっています。

何週間かにわたる出来事、そして、今も、思い続けていることを書いています。長い間のことですから、この間には、いろいろなことがあります。勉強もします。食事もします。おでかけもします。でも、それらはこの話にはかんけいありません。

浅野さんは、「ボーッとしていること」にかんけいのある「場面」や「出来事」をえらんで書いています。

また、その出来事のはじまりから、どのようにすすんできたか分かるように、「そんな日が三日ぐらいつづき」「何週間かたったある昼休み」というように、「時間の経過」がわかるような言葉を使いながら書いています。

これは、「ボーッとしていること」に関係している「ある日の」小さな出来事がいくつも積み重なって、一つの物語になっているとも考えられます。

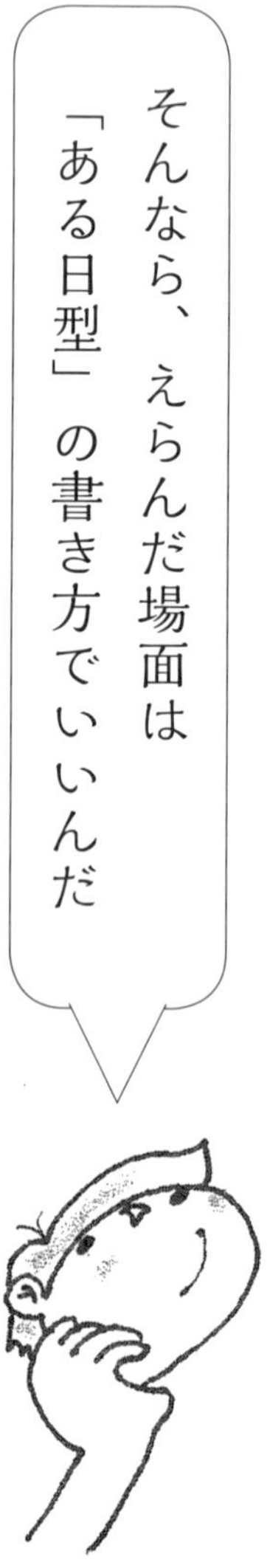
そんなら、えらんだ場面は
「ある日型」の書き方でいいんだ

浅野さんの作文を、段落に分けて、番号をつけておいたから、もう一度読み直しながら、段落ごとに、「小見出し」をつけてみましょう。

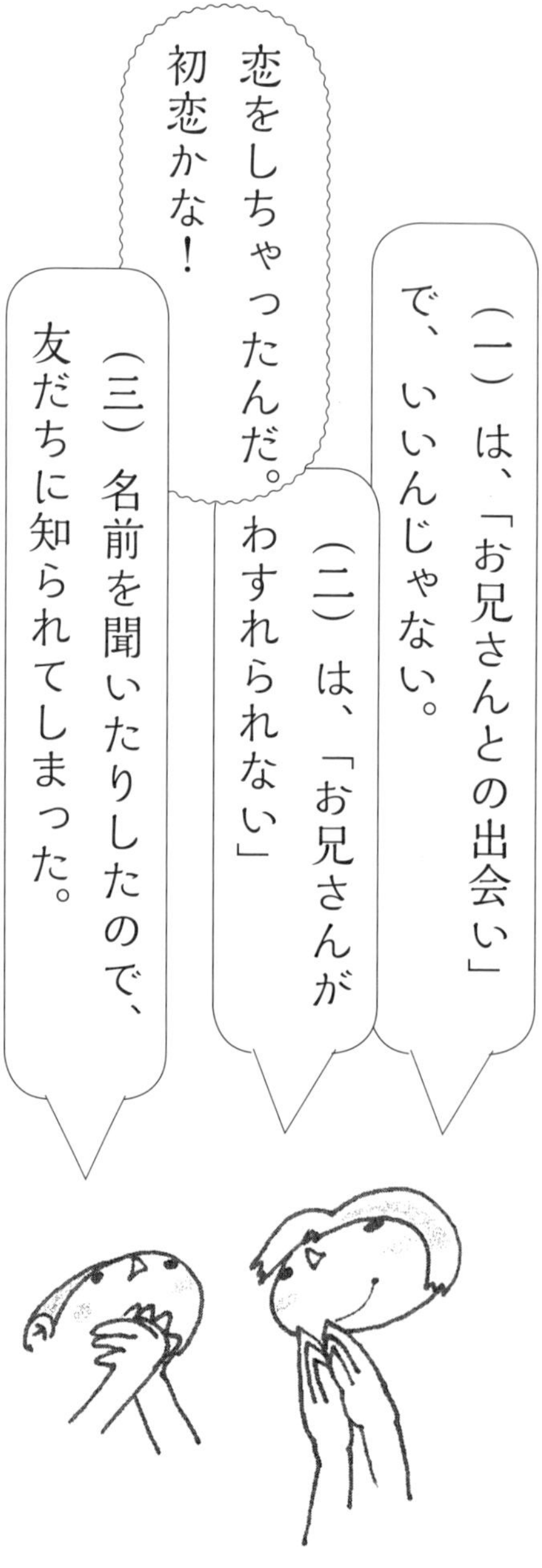
（一）は、「お兄さんとの出会い」
で、いいんじゃない。
（二）は、「お兄さんが
わすれられない」
恋をしちゃったんだ。
初恋かな！
（三）名前を聞いたりしたので、
友だちに知られてしまった。

（四）「お兄さんの名前は渡辺さん」

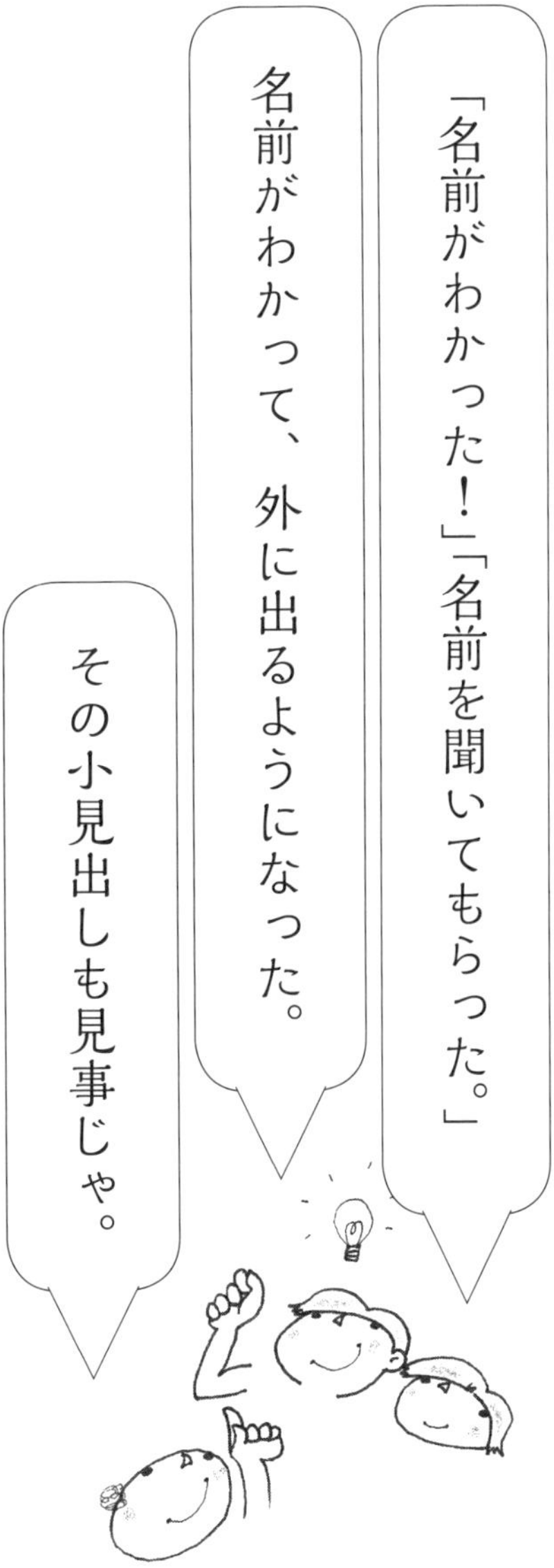
「名前がわかった！」「名前を聞いてもらった。」
名前がわかって、外に出るようになった。
その小見出しも見事じゃ。

（五）「ドキドキの事件」
（六）「今も渡辺君に、ぼーっとしています。」

なかなか、いい「小見出し」がつけられたね。関係のあることや場面をえらんで、書いていることがよくわかったね。

みんなも、こんなふうに、「何日も続いたこと」「長い間の出来事」を、作文に書いてみると、あなたの「物語」ができるかもしれないね。

わたしの「物語」を書く時のコツ
――何日間にもわたる出来事を書く――

①何日にもわたって、心を動かしつづけたことを題材にする。
②出来事の順に、かわっていくようすをはっきりさせる。
③だいじな場面・出来事をえらぶ。
④時間の経過がはっきり分かるような言葉を使う。
⑤「ある日型」の文章の書き方を生かす。

《7》感動を短い言葉で表そう
——友だちの詩を読んで、詩が書けるようになろう——

1　「詩」って何だろう

「詩」は心の叫びです。

毎日の生活のなかで「あっ」と思ったこと。

「すごいっ」「きれい」と、感動したこと。

「本当はこうなんだ」と、つぶやいたこと。

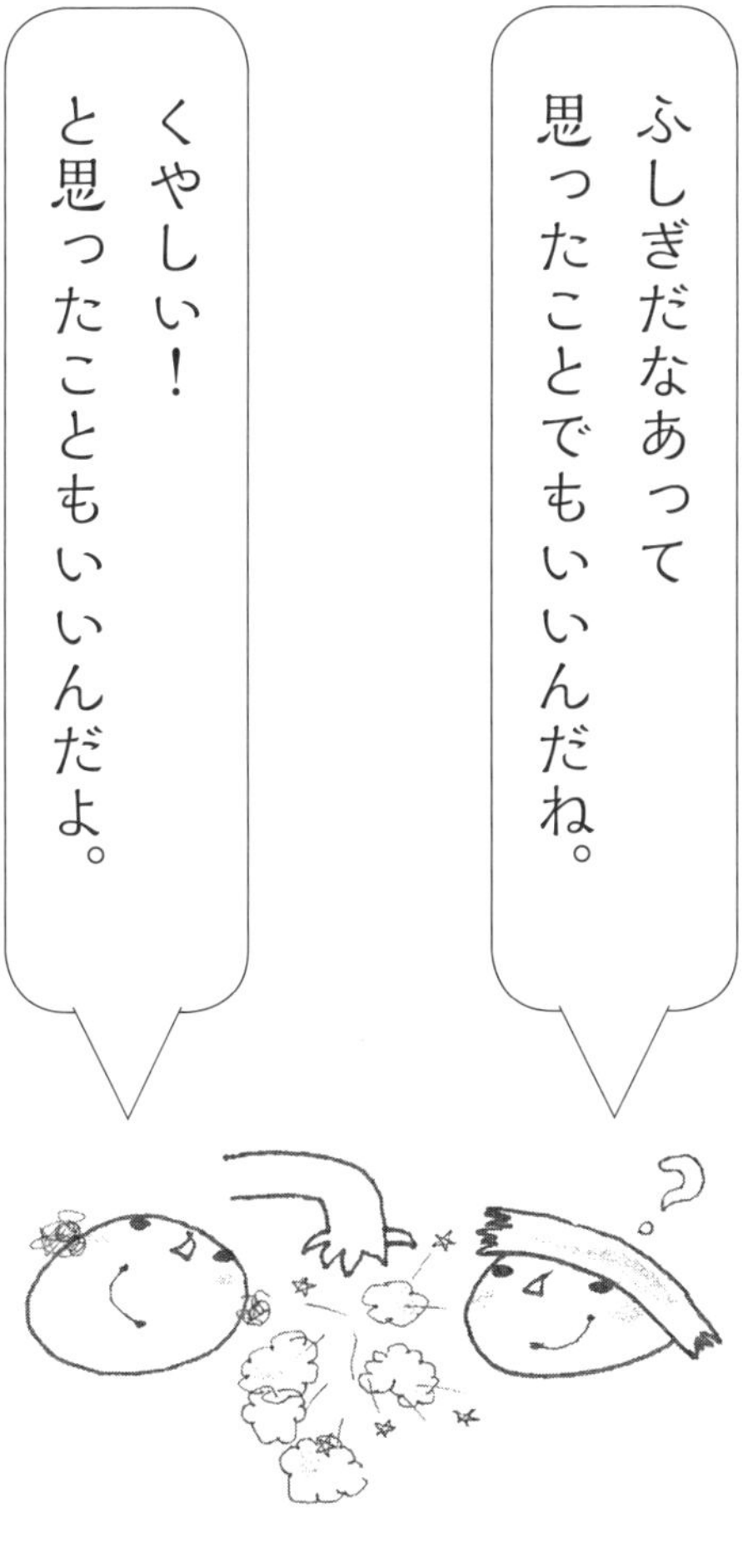
ふしぎだなあって思ったことでもいいんだね。
くやしぃ！と思ったこともいいんだよ。

あなたの心の叫びを、短い言葉や文にして書いたもの、これが詩です。

友だちの詩をたくさん読むことで、詩が好きになり、内容のよさ、書き方のよさが分かるようになります。

あなたも「詩」を書いてみましょう。「詩」を書くとあなたの思いが、友だちや先生、お父さん、お母さん、もっと多くの人たちに伝わります。

毎日の生活をよく見つめ、感じたり考えたりしながら、あなたの詩を書きましょう。

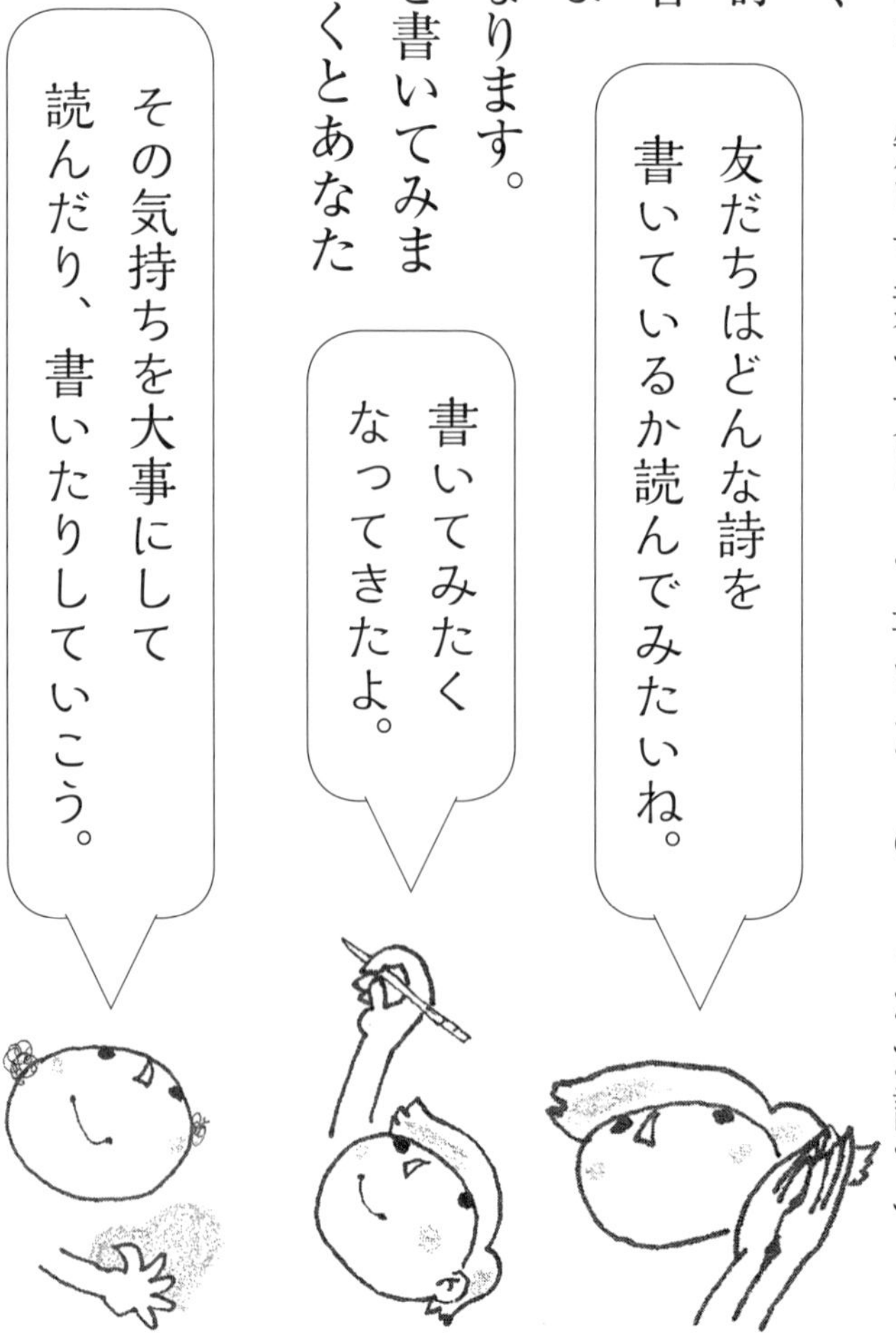
友だちはどんな詩を書いているか読んでみたいね。
書いてみたくなってきたよ。
その気持ちを大事にして読んだり、書いたりしていこう。

2　友だちの詩（心の叫び）を読んでみよう。

○友だちの詩を読んで、どんな思いを書きたかったのか考えてみましょう。

「こうもりふりから下りる」ができない

四年　田口　凱士

足をかけてぶらさがる。
ヒュン、ヒュン、ヒュン
たくさんふる。
ドスン
また落ちた。
何度やっても下りられない。
ひざのうしろがすれていたい。

宮野くんなんて音もなく下りる。
「こつがつかめれば、かんたん。」
と言うけれど
「こつ」がわからない。
一回ぐらいできたらなと思って
音もなく下りる宮野くんを見た。

3　詩を書こう――あなたの思いを詩に書き表しましょう

①　詩のタネさがし――詩のタネ（書くこと＝題材）は毎日の生活のなかにあります。生活をしっかり見つめ、感じたこと、考えたこと、「あっ」と気づいたことが詩のタネです。見つけたら「詩のタネ・メモ」として書いておきましょう。

②　詩を書く　その書き出し――いよいよ詩を書き始めます。選んだ詩のタネ、その場面のどこから書き出すか、その一行目です。いろいろな書き出しがあります。書き出しによって、内容へのせまりかたがちがいます。

その1　説明から書き出す（……があった。……をした）

くしひきのみこし

三年　塚本　こころ

七月二十九日に
くしひきまつりがあった。
みこしがくるまで
友だちとあそんでいた。
「ワッショイ、ワッショイ。」
という声がだんだん近づいてくる。
来た！
みこしぜんたい、
きらきらとかがやいて
きれいだった。

みこしがゆれると
きらっと光った。
わたしはおもわず
「すごいなあ。」
といった。

その2　音・鳴き声などから書き出す（ドスン・ワンワンなど）

セミ地ごくの夏

四年　米田　麦

ジリジリジリジリジリ
ジリジリジリジリジリ
ためしに
「うるさーい！」
といっても鳴きやまない。
（以下略）

ジリジリジリジリジリ
ジリジリジリジリジリ
南国だからかな
大分は埼玉よりセミがうるさい。

その3　会話から書き出す

さみしい

三年　山六　真由

「四年のと中ぐらいかなあ、
ひっこすんだ。」
みかちゃんがきゅうに話した。
「それ、本当ー？」
「だって、せまいし
一けんやじゃないと
ペットかえないし……」

「そう……」

さみしいなあ。

心の中で　何回もつぶやいた。

「みかちゃん
ひっこしかあ。」

その4　言いたいことからズバリと書き出す

体育の野球のとき

三年　やの　ひかる

ぜんぜん打てません。

「うてたー！」

と思ったらファール。

福味君に
「球を見てうって。」
といわれたけど
うてない。
体育がおわると
福味君に言われた。
「勝ったんだからいいけど
こんどぜったいうってね。」
って。

③　詩を書く　そのなかみ――詩のなかみは詩の場面です。読む人にその場面が見えるように書きます。

あめ細工のおじさん

四年　秋葉　美穂
十日市であめ細工のおじさんを
見つけた。
「五百円のねこをください。」
「何色がいいかな？」
「白がいいです。」
とかしたようなあめを
わりばしですくい取った。
にぎりばさみで切った。
やさしそうなおじさんの顔つきが
しんけんになってきた。
カチン　カチンと音がして
あめからねこができた。
ふつうのおじさんが
とくべつな人に見えた。

④　詩を書く　そのおわり方――最後の一行は詩の価値を決めます。やったあ、うれしかった、くやしかった、つぎはがんばる、などの書き方はさけましょう。事実で書きまとめるといいです。

夏のお客さま

四年　矢埜　雅文

家のベランダで
オオミズアオイを発見。
色は水色っぽい黄色。
シダの葉みたいなしょっかく。
目がすごくでっかくて
羽にちょこっと黒い点がある。
羽の上の方がちょっと茶色だ。
オオミズアオイは

手すりにつかまって
じっとしていた。
大急ぎでカメラを持ってきて
写真を五枚とった。
オオミズアオイに初めて会った。
オオミズアオイは
まだじっとしている。

⑤ 詩の書き直し（推考）――書き上げたら何度も読み直します。言いたいことが読む人に伝わるでしょうか。

（はじめ） 野球の試合 神山 大和

ぼくは 野球の合宿にいった。
大会があった。
一回戦にホームランをうった。
うれしかった。

（書き直す） ぼくのホームラン

野球の合宿で野球大会があった。
ぼくは一回戦ホームランを打った。
ピッチャーがなげた。
ぼくは思いっきりバットをふった。
カーンとあたった。
うれしかった。

（上の二行は書き終えたあと、消してもいいでしょう）

ぼくは、1るい、2るい
3るいと走っていく。
ホームに入った。
ぼくは点を取った。

⑥ 詩の題のつけ方——題名は、詩の一行とも言われます。詩の内容にピッタリ合う題名を二、三つけて、そのなかから選ぶとよいでしょう。

かまめしはねていた

四年　大倉　初範

「すみません。
かまめし一つください。」
ぼくは言った。
「はい！
ただいまおとりします。」
店員さんが、かまめしを一つ
ふとんから出した。
「なんでふとんから出すのですか。」
「じつは、かまめしをいつでも
温かく出すため、ふとんで温めているんですよ。」

・ふとんから出されたかまめしにおどろいた作者。「かまめしはふとんのなかにねていたのか」と思って、それを題名につけました。題名も工夫してみるといいでしょう。

「えー、そうなんですか。」
そこで食べたかまめしは
ほかほかでとてもおいしかった。

［参考詩］
● 日進公民館「詩のひろば」より

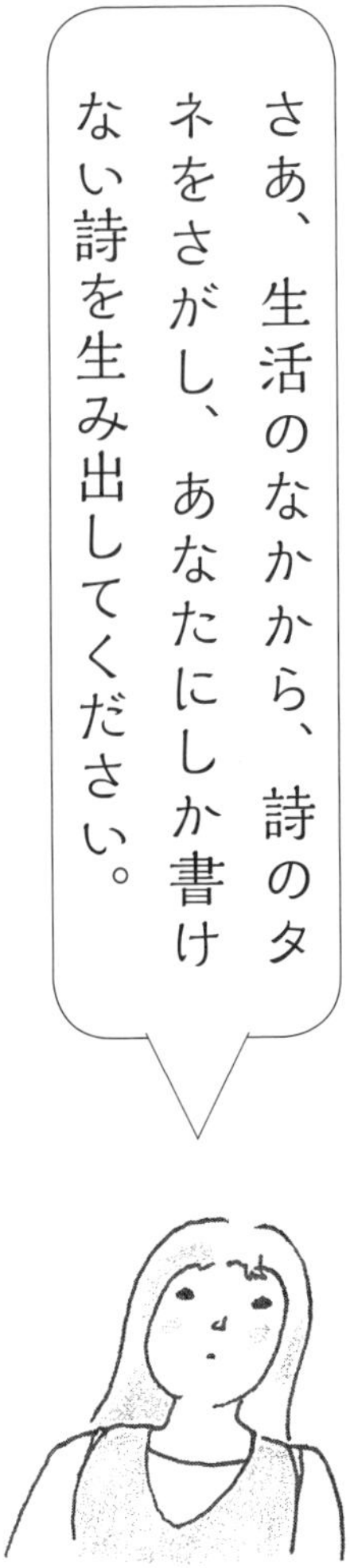
さあ、生活のなかから、詩のタネをさがし、あなたにしか書けない詩を生み出してください。

コラム

知っておくと得をする——原稿用紙の使い方

・2枚目からは、ここに名前を書く。

・題は二マスか三マスあける。

・題、名前、はっきりと

書き出しは、一字下げ

段落のはじめは、一字下げ

　　ツルピカ先生の演技

　　　　　　六年三組　栗林　真広

（はじめ）

　ツルピカ先生が児童会議室のドアを開けて登場しました。いつもは、白いシャツを着ているのに、今日は、めがね、スーツ、本を持って来ました。

・話がかわるので改行する（なか）

　先生は、

会話は行を変えて「……。」

「田中定幸です。」

と言いました。続けて、

「今日は、作文の書き方のコツを教えてあげ

（１）番号を入れる

一マスあけるとよい

ましょう」。
と言って、いきなり「森のくまさん」を歌い
始めました。その歌は、以《意》外に上手でした。
なぜ、「作文の書き方のコツ」なのに、「
森のくまさん」の歌なのかを考えました。ぼ
くは、「ある日」という言葉に注目して見《み》ま
した。昨年のことを思い出すと、「ある日型」
と「いつも型」がありました。
（おわり）（むすび）
ぼくは、「ある日型」に当てはまる歌だと
思いました。

・題名などは「　」でくくる。

・大事な言葉は「　」でくくる。

コクヨ　ケ−10　20×20

コラム　作文の読み方——書くためにも、作文の読み方を身につけよう

作文でも物語でも何かを知りたいし、おもしろいから読みますね。それは内容、出来事を読むことですね。二見君は、こんな作文を書きました。この作文を読んでください。あなたは、何に心が動かされましたか。

机のわきに、物をかけないでほしい

三年　二見　将幸

そうじのチャイムがなった。
ぼくは、岡田君たちと教室へもどった。
もう鈴木君は電気そうじ器を動かし始めている。
ぼくも早く机を運ぼうと思った。
加も君と運びはじめた。中田君の机を運ぶ時に、
つくえのわきに物がかかっているので、運ぼうと

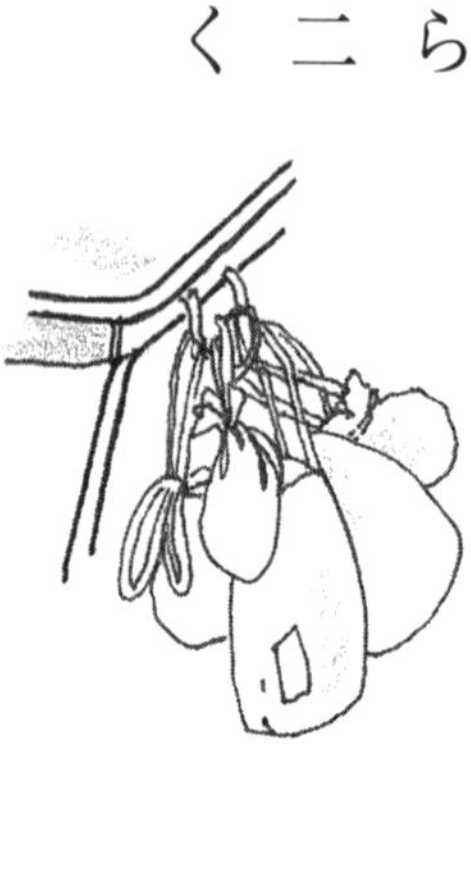

☆はじめ……チャイムがなったところからはじまっている。

・「早く運ぼう」、自分の気持ち。
・まわりの人の動き。
・机の上に物がか

している手との間にふくろなんかが、はさまって運びにくかった。

(つくえのわきに物がかかっていると運びにくいな。)

と思った。

(あ、そうだ、帰りのホームルームの時に発表して、みんなにそうだんすればいいんだ。)

と思った。

そうじが終わった時、ノートをひろげて、田島・飯づか・中田・油井・福田と書いて、その下に「つくえのわきに物がかかっている」と書き込んでいた。

五校時・六校時が終わって、帰りのしたくをしてから、先生が
「さようなら」


かっていて、運びづらい。
・その時、心のなかで思ったこと。
・その時に思いついたこと。
・そうじが終わってから、ノートに物がかかっていた人の名前をメモした。
☆なか……ここからは、帰りの会の時。
・先生が「さようなら

と言おうとしたとき、ぼくが手をあげて、
「あの、ちょっと言うことがあるんですけど
……。」
と言った。先生が手の平を上にして、「前に出て
こい」の合図をした。ぼくは、つくえの中から
ノートをひっぱり出して、早歩きで前に出て行っ
た。ノートを開いて、
「つくえのわきに物がかかっている人。田島君、
飯づか君、中田君、油井君、福田君。」
と言った。
するると油井君が、
「浅野もだよ。」
と言ったので、浅野君のつくえのわきを見てみた
ら、ふくろがかかっていたから、
「それから、浅野さん。」

ら」を言おうとした時、手をあげた。
・自分の発言。
・先生の手の動きもよく見ている。
・机のなかからノートをひっぱり出した。
・机のわきに物がかかっている人の名前を発表。
・友だちがつけ加えた。
・ふくろがかかっていることをたしかめた。
・田島君にうちへ

と、つけくわえた。そして、ぼくは田島君に、

「田島君、そのふくろ、うちへ持ってかえれますか。」

と聞くと、田島君は、さいしょ首をかしげていた。でも、あとから
「はい。」

と言った。つぎに小さな声で、ぼくは、

「飯づか君のは、ぼうしだからいいし……。」

と言った。つぎに、

「くわばらさんは、何かかかっているんですか。」

と聞くと、

「体育館シューズ。」

と言った。ぼくは、

「じゃあ、ロッカーに入れといてください。」

「はい。」


持って帰れるかと聞くことで、そうしてほしいと伝えている。

・田島君の動作（首をかしげて）をよく見ている。

・「ぼうしだからいい」と考えて発表した。

・くわ原さんの机には、何がかかっているか聞いた。

・ロッカーに入れておくようにと提案《ていあん》。

と言った。

「つぎは、中田君、それ、体そう着ですか。」

「はい。」

「じゃあ、入れといてください」

と言った。そして、

「由井君、そのふくろは何がはいっている
んですか。」

と聞くと、

「え、これ、これね、二年生の時に作った物で、
さとう先生に返してもらったんだよ。」

と言った。ぼくが、

「ロッカーにはいりませんか。」

と聞くと
「はいらない。」

と言った。すると先生が

・中田さんの物は体操着《たいそうぎ》と確認し、ロッカーに入れておくようにと提案。
・由井君へも質問。
・二年生の時にさとう先生から返してもらったもの。
・ロッカーに入らないかとたずねたこと。
・「入らない」という

「じゃあ、うしろのたなに入れればいいんじゃないか。」

とおっしゃいました。由井君は、

「はい。」

と言った。つぎにぼくは、

「福田君は、ぼうしだからいいし……。」

と言った。そして、さいごにぼくはみんなに向かって
「つくえのわきに、なるべく物をかけないでください。」

といって席へもどろうとしたら、先生がぼくの頭をおさえて
「今、注意された人の中で、注意されて、いやな気持ちがした人いますか。」

と、聞くと、だれも手をあげなかった。ぼくはホッ

・返事に対して、先生が、たなに入れたらと言ってくれた。
・由井君の返事。
・机のわきには物をなるべく置かないように提案。
・いやな気持になったかどうか、先生がクラスの人に聞いた。
・だれも手をあげない。

とした。そして先生は、

「でしょうね。こういうことはとても良いことです。」

と言って、ぼくのせなかをおしながら、

「席へかえってよし。」

と言った。

つぎの日、学校についた時、つくえのわきをずっと見て、とくに、ちゅういした人のを、ねんいりによウく見たら、何もかかっていなかった。ぼくは、

（発表して良かったなあ！）

と思った。

［出典］
・78年版　年刊日本児童文詩集（百合出版）

・先生が、この提案についてほめてくれた。
・先生が、ぼくのせなかを押しながら、席に帰ってよしと言った。
☆おわり……次の日のようす。
・次の日に、机のわきに物がかかっていないかをたしかめている。
・発表したことがうまくいって、ホッとした。

1　なぜ、これを書いたのかを読み取る、考える

二見君はなぜ、これを書きたくなったのか。それはこの作文には直接《ちょくせつ》は書いてありません。それを考えながら、もう一度読んでみましょう。どこにそのヒントがありますか。

「発表してよかったなあ。」ここでわかりますね。

・発表してよかった。

・みんなの役に立ったんだ。

これを作文のテーマと言います。みんなの書く作文にも、このような心の動き＝テーマがあるといいのですね。

2　表現の仕方の読みも大事だ

ところで、テーマは直接には書いていないことが多いですよね。でも、読む人はそれをつかまえることができ

ました。なぜかな。
それはその時の出来事やようすが書いてあるからわかるんだよね。
・机を運ぶのが大変だったこと＝してみてわかったこと。
・机の横に何かかけている人がいる＝調べたこと。
何とかしてほしいな、きっとそういう気持ちがあるから調べたんだ。
・帰りの会がもう終わると言うときに手をあげたこと＝したこと。
どうしようか迷っていたことがわかるよね。こういうのを緊張感《きんちょう》というんだ。でも、思い切って言った。
・その後に続く会話。友だちとの話し合いのようす。
どうすれば机の横にかけなくてすむかを二見君は、提案しているよね。ただ、「やめてください」ではなく「こうしたらどうですか」と言っている。ぼくもこんなふうに話ができるといいな。読みながらそう思ったでしょう。
・先生のことば「注意されて、いやな気持ちがした人いますか。」
この言葉は大事だよね。「だれも手をあげなかった。」。二見君は、ここでほっとしたのがわかるね。そして、いい先生だなと君は思ったよね。

・次の日、机のよこを見たこと、何もかかっていない。
ここで「よかった」「発言してよかった」がわかります。

3　深く読むと発見がある＝その先へ

できごと、ようす、会話などをこんなふうに読んでいくとテーマが読めてくるし、もっと深い読みができるんだ。
テーマについては、
・思い切って発言してよかった。
・自分のしたことが役に立った。うれしい。
こう読んだよね。でも、テーマは、もう一つあるんだ。もう君は気がついたかな。

〈大きいテーマ〉
・友だちっていいなあ。友だちはしんらいしていいんだ。

・いいクラスでよかった。
・先生もいいなあ。
どうです。こういうテーマがうかんできたでしょう。
まとめるよ
・出来事、内容を読む――じゅんばんに読めばいい。
・テーマを読む――出来事、ようす、会話などから書いた人の「書きたかったわけ」を考える。
・大きなテーマを読む。
この作文から伝わってくるものを思い浮かべてみる。人間や世のなか、自然のことなどと結びつけて読むんだ。

4　構成・組み立て＝どこで終わるかを考える

下の太字を見てみよう。「はじめ」「なか」「おわり」になっているよね。
この作文は、ある日のことだけだったら、お帰りの会のことで終わっても

いいんだ。そこで終わったとしても、良い作文だ。でも、次の日の朝のことが書いてあるよね。そこが「終わり」になっている。

「見たら、机の横には今日はかかっていない」

ここの表現があるので、昨日のことの意味が、はっきりと浮かんでくるんだ。出来事があって、それからしばらくしてそれがどうなったか。そこまで書いているので、昨日の出来事の意味が、分かってくるんだ。

人間として大事なことは、意見を持つこと、行動すること、身の回りのことで改善したい、なおしたいと、考えを持つことなんだ。そして、それを実行にうつすこと。君もこの作文を書いた二見君のようになってほしい、と私たちはねがっている。

だから、ある出来事を書く場合でも、どこから書き始めて、どこまで書くかを決めることは大事なんだ。

Ⅱ章　いろいろな文章を書いてみよう

――「手紙文」「報告文」「説明文」「物語文」「新聞」「読書感想文」「スピーチ原稿」を書く

《1》手紙文を書こう
――相手に気持ちを伝えよう

1　手紙は心を伝える

◆短い手紙でも心を動かす

これは四年生の詩です。このなかに手紙が出てきます。

大そうじ

四年　田島　綾

自分のつくえの上や
引き出しの中をきれいにした。
友だちの手紙が出てきた。

「けんかしてごめん」

って。

いらない物は何にもなかった。

［出典］
・詩集『ないしょみつけちゃった』東京作文協議会編

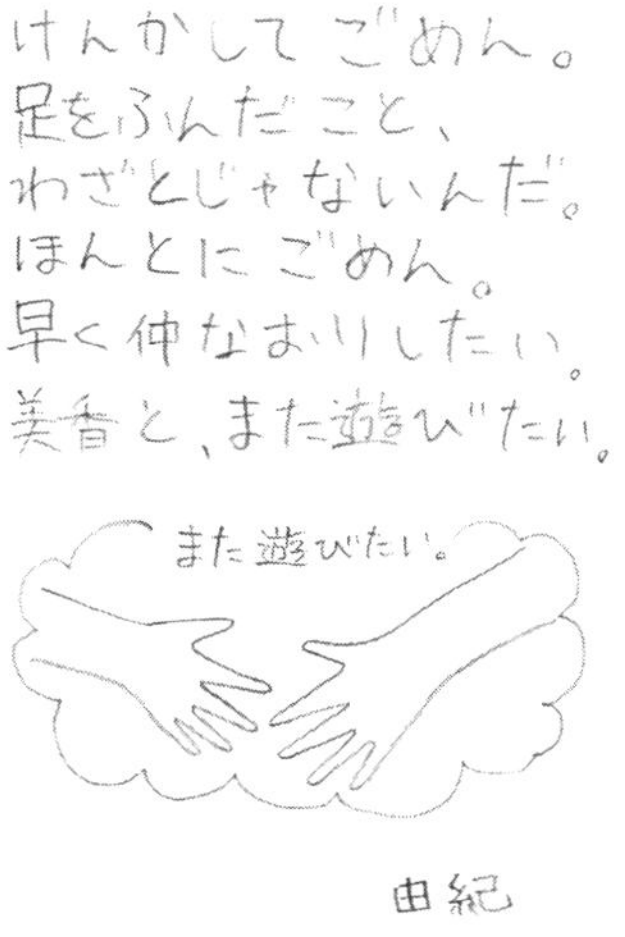
けんかしてごめん。
足をふんだこと、
わざとじゃないんだ。
ほんとにごめん。
早く仲なおりしたい。
美香と、また遊びたい。
また遊びたい。
由紀

机のなかから友だちの手紙を見つけて、心がすっきり、軽くなったのです。友だちっていいなあという詩ですね。それを呼び起こしたのは「手紙」です。きっと短い手紙なのでしょう。「けんかしてごめん」それだけでいいのです。気持ちを伝えることが大事なのです。

●手紙の強さ

文字で書くということは、口で言うことよりも強く伝わるのです。ですから短く「ごめん」と書いて渡すだけでも相手は、分かってくれるのです。書くという面倒《めんどう》なことをすることが、きっと大事なのですね。

2　手紙は、呼びかけ、会話のようなもの

知っている友だちや、親しい人に出す手紙では、会話、話しているように書くことが多くなります。

①共通のことを話題にする

同じことをすると親しくなった感じがしますね。だから、手紙にも共通の出来事を入れます。また、してもらったことなどは落とさないで入れます。

下の例のように、短い手紙・はがきですから、最初に、「大好きなおじいちゃんへ」と書いてしまうのもいいのです。

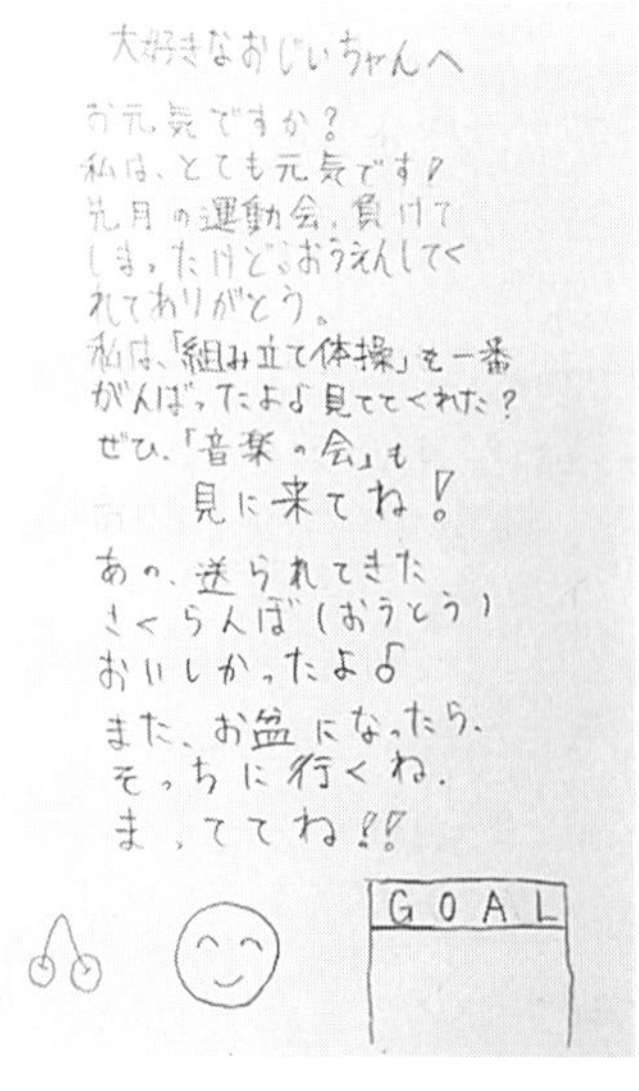
大好きなおじいちゃんへ
お元気ですか？
私は、とても元気です！
先月の運動会、負けてしまったけど、おうえんしてくれてありがとう。
私は、「組み立て体操」を一番がんばったよ♪見ててくれた？
ぜひ、「音楽の会」も
見に来てね！
あの、送られてきたさくらんぼ（おうとう）おいしかったよ♪
また、お盆になったら、そっちに行くね。
まっててね!!
GOAL

「お元気ですか」「ありがとうございました」とか、

・呼びかけるような書き方

それと、「あの時は」とか、「食べたスイカがおいしかった」とか、向こうの人も知っていること。

・共通のこと

それを話題にしていますね。これで、ぐんと親しさが、伝わります。呼びかけるように書く。話しているように書く。仲の良い人、親しい人へはこんな手紙がいいのです。

②自分がしていること、今の自分を入れて書く

しばらく会っていない人に書く場合には、今、自分ががんばっていることや変わってきたことなども入れて書きます。向こうの人はそれが知りたいのです。

・新しい情報

これを入れるといいのです。

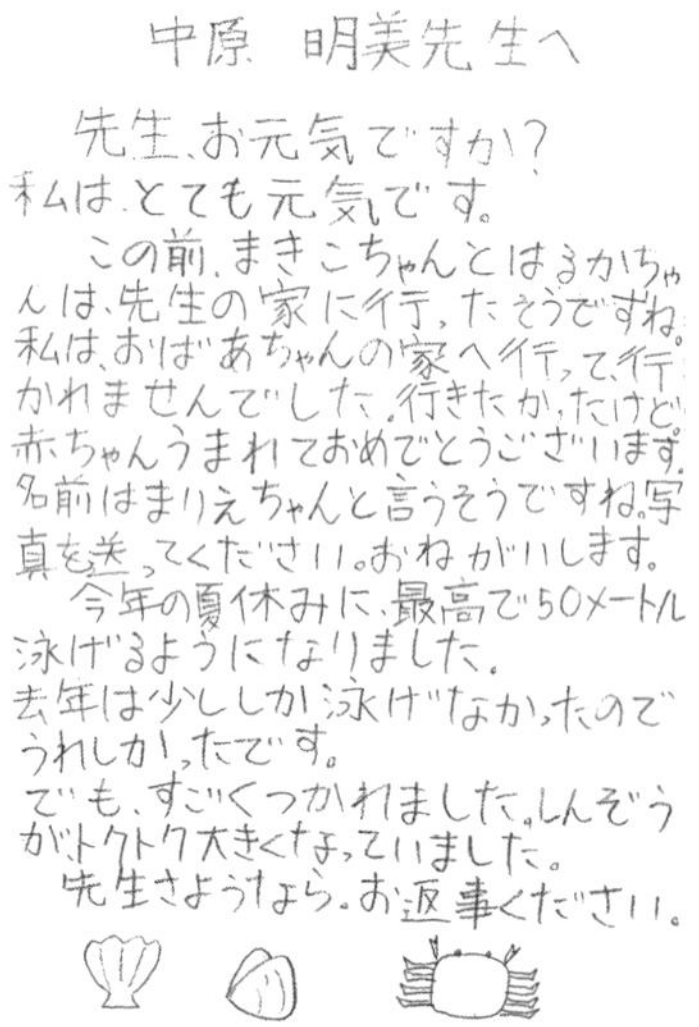
中原　明美先生へ

先生、お元気ですか?

私は、とても元気です。

この前、まきこちゃんとはるかちゃんは、先生の家に行ったそうですね。私は、おばあちゃんの家へ行って、行かれませんでした。行きたかったけど。赤ちゃんうまれておめでとうございます。名前はまりえちゃんと言うそうですね。写真を送ってください。おねがいします。

今年の夏休みに、最高で50メートル泳げるようになりました。

去年は少ししか泳げなかったのでうれしかったです。

でも、すごくつかれました。しんぞうがトクトク大きくなっていました。

先生さようなら。お返事ください。


上に紹介したのは、赤ちゃんが生まれてしばらく学校を休んでいる担任の先生への「はがき」です。

このように、自分はどう変わったか、今どんなことをしているかを中心にして書きます。そのことを書くことで、感謝の気持ちが伝わるのです。今の自分と周りのことなどを書けばいいのです。それがあれば、「ありがとう」と書かなくても気持ちは伝わるのです。

３　用件を伝える手紙

何かをたのんだり、大事なことを伝える手紙もあります。

それが「用件」を伝える手紙です。

①案内状＝発表会の案内

吉本さんへ

　こんにちは。いつも仲よくあそんでくれてありがとう。今度、私が習っているダンス教室で発表会をすることになりました。大きな舞台でおどります。初めてのことでドキドキしているけれど、今までがんばってきたので、よかったら見に来てください。

　もし、仲良しの吉本さんが見に来てくれることになったら、さらにキレッキレのダンスをおどれるように練習をがんばれます。

お休みの日なので、もしあいていたらぜひ応援に来てください。よろしくお願いします。

・やよいダンス教室発表会
・日時　五月二十五日（日）十三時〜
・場所　中野区民ホール

駅から五分で着きますが、入口が建物のうら側にあるので、気をつけてください。
お返事を待っています。

もうお分かりですね。相手に、用件＝大事なこと＝を、落とさないで伝えることです。この手紙では、そこは一字下げて、かじょう書きにしてあります。読み手に伝えたいのはここなのです。
それと、話が変わるところは段落にしていますね。

②お礼の手紙＝早めに出す
お世話になった時などには、すぐにお礼の手紙を書きます。立派な手紙でなくてもいいのです。「すぐに出す」これがお礼の気持ちを伝えてくれます。

佐藤さん、お元気ですか。
きのうは、運動会を見に来てくださってありがとうございました。

私は、今年こそ短きょり走で一位になろうと、朝、家の周りを走ったり、休み時間に友だちとおにごっこをしたりして、走る力をつけてきました。そして本番、と中で抜《ぬ》かされそうになった時もありましたが、佐藤さんのおうえんしてくださる声が聞こえて、負けずに走り切ることができました。そして、やっと一位になることができました。

終わった後にハイタッチをして一緒に喜んでくださったことがとてもうれしかったです。この気持ちを忘れずに、今度はリレーの選手になれるよう、毎日走って力をつけていきたいです。おうえんしてくださって、本当にありがとうございました。

また来年も運動会を見に来てください。お会いできる日を楽しみにしています。お元気で。

十月十日

田中美奈

佐藤和也様

「きのうは」と書いているので、すぐに書いたのが分かります。そして、応援のおかげで一位になれた、と書いています。うれしさが分かりますね。応援に行った佐藤さんも、見に行ってよかったな、また行こう、という気持ちになります。

ただ、「ありがとう」ではなくて、どういうことがうれしかったのか、良かったのかを書くことが「お礼」になるのです。

4　ポストに入れる前に

手紙は、相手に読んでもらうのです。だから、心を込めて書くのが基本です。

書いてすぐに出すよりも書いてから一日たって、読み直してみましょう。それで「ヨシ」となったらポストに入れるといいでしょう。そうすることで、文章の

書き方も見につきます。

《2》報告文を書こう
――何をどう伝えるかを考えよう

1　報告が大事なわけ

◇報告がのび太を守った

のび太は家に帰るとすぐに、ドラえもんに報告します。

「ランドセルと、くつがかたっぽ、学校の裏山《うらやま》に……。ジャイアンとスネ夫に……」

ドラえもんはこれを聞いて、ジャイアンとスネ夫から、ランドセルとくつを無事に取り返してくれます。こまったというだけでなく、起こった出来事をきちんと報告することが大切なのですね。

そして、こういう風に急ぐときには、中心的なことだけを報告します。

・何をされたのか……くつとカバンをとられた。
・どこでなのか……うら山。
・誰にされたのか……ジャイアン・スネ夫にされた。
・何が困ることなのか……取りもどせない。
この報告で、ドラえもんには、何が起こったのか、どうすればいいのかがわかるのです。

◇お父さんを喜ばせた報告
ある男の子は、家に帰ってきたお父さんに
「ぼく、リレーで一位だったよ。」
と、報告します。するとお父さんは、目を見開いて「そうかあ。おめでとう。」とよろこびます。運動会を見に行きたかったのに行けなかったお父さんにとって、むすこからの報告を聞くことは、うれしいことなのです。
ここで、まとめておきましょう。報告とは次のようなことを言います。

①ある人（たち）に伝えたい情報……のび太の例
②受け取る側にとって、ほしい情報……運動会の例

主に事実・出来事、そして考えたことを報告するのですが、そのなかには、願いがかくれています。そして相手がまだ「よく知らないこと」を伝えるのです。

報告＝お知らせ（新しい情報や、ねがいが含まれている）

とまず考えておきます。

2　日常生活での報告＝お話・言葉で伝える

（1）相手が目の前にいる——話すことが報告になる

昨日、家に帰って、学校で友だちと遊んだことや給食のことを話しましたか。それも、りっぱな報告です。

実は、報告（お知らせ）は、毎日のように口（言葉）

でしているのです。

次のような報告をしたことがあるでしょう。

「先生、山口さんが校庭でころんで足をすりむきました。それで今、保健室で手当てをしてもらっています。少し、おくれます。」

係りの仕事として、報告することもありますね。

「ぼくたちの係が世話をしているチャボが、きのう初めてたまごを産みました。」

これを聞いて教室のみんなは、良かったな、たまごを見たいなあ、と思うでしょう。だんだんとこのように、多くの人に伝えることがふえていきます。

これらは、報告ですが、ふつうは、お話しして伝えます。その時には目の前に聞いてくれる相手がいるからです。

（2）報告文に書くわけ

そばにいない人たちに伝えるときには、これが文章・報告文になります。

係りからの報告——文章

きのうチャボが、初めてたまごを産みました。にわとりのたまごよりも少し小さいたまごでした。手で持ってみると、丸みがとてもいい感じでした。先生の話によると、チャボは2，3日に一個ぐらいたまごを産むようになるということです。生まれたたまごをどうしようかと、今相談しています（飼育係より）。

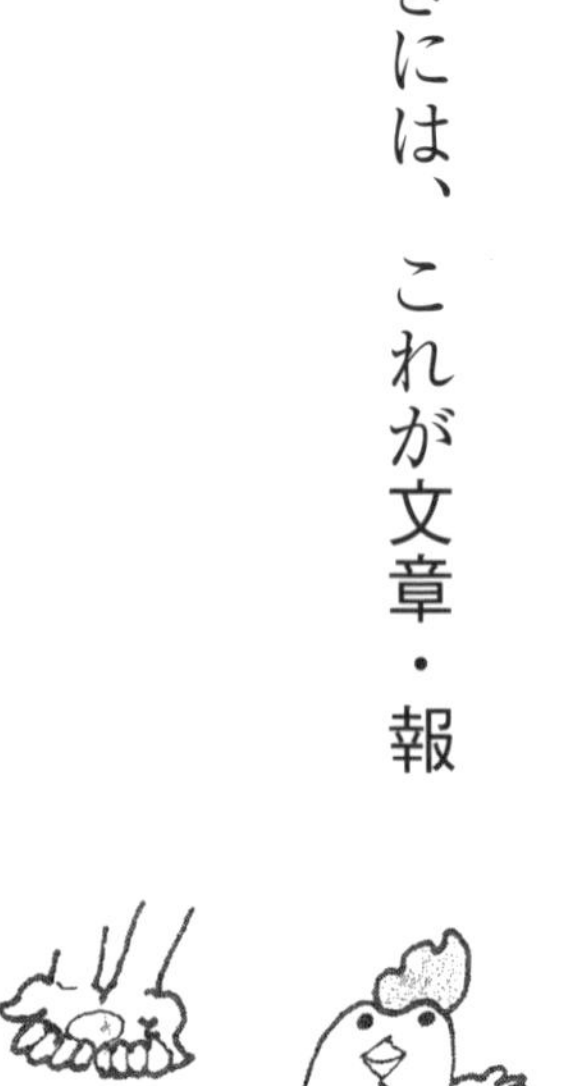

顔を見て話したいのにできない場合も手紙や報告文になります。今から四〇〇年以上も前の戦国時代のことです。織田信長の軍勢《ぐんぜい》にかこまれてしまった浅井長政という武将《ぶしょう》は、家来たちにこんな手紙（報告）を送りました。

「今度当城不慮ニ付、此丸一つ相残り候……。」

「このたび、とうじょう、ふりょにつき、このまるひとつあいのこりそうろう……」

これは、自分の城が攻撃《こうげき》され、もうやられてしまうというときに、一〇センチメートルぐらいの紙切れに書いた手紙です。内容は、「この城は、敵に攻められて、まだ残っているのは、本丸（城の中心）だけになってしまった。……」というものです。

これは、家来たちへの最後の報告文でした。

このように、目の前にいない相手に様子や出来事・気持ちなどを伝える時には、それは報告文となるのです。

また、間違いなく伝えたい、たくさんのことを伝えたいときにも文章のほうがいいのです。

3　報告文の種類と書き方のコツ

(1) 調べたことを報告文に書く

自分が本などで調べたことを、読む人にとってわかりやすくまとめて報告します。

わたる君は、ことわざについて調べて報告文を書きました。

ことわざのなかの鶴《つる》

三年　鶴岡　わたる

ぼくの名字《みょうじ》は、鶴岡です。だから鶴岡の「鶴」が出てくることわざを調べることにしました。調べるときは、「ことわざ辞典」を使いました。さくいん（付録）から「鶴」が出てくることわざを探しました。

鶴が出て来ることわざには、たとえば次のようなものがありました。

・鶴の一声……力のある人がみんなをまとめる一言。

・鶴は千年、亀は万年……長生きで、めでたいということ。
・はきだめに鶴……ごみ捨て場の中に、とくべつすぐれたものがあることのたとえ。

ぼくは、ことわざの中に「鶴」が入っているものは、りっぱ、めだつ、めでたいなどの意味が入っていると考えました。だから、ぼくの名字の「鶴岡」もいい名字の字だとおもいました。

［調べた本］
●『ことわざ辞典』　梅澤実　学研

この報告文の書き方の良さを見てみましょう。

◆本などで調べたことを書く時のコツ

①　順番と内容に気をつけて書く。

はじめ：「調べたきっかけや理由」
中　　：「調べ方」「調べて分かったこと」
おわり：「調べて考えたこと」「感想」

②　かじょう書き、項目ごとに●（クロマル）や（１２３……）と番号で整理する。
③　引用《いんよう》は一文字下げてそのまま書く。
④　調べるのに使った本の名前を報告文の最後に書く。
そして、調べた結果、自分はどう考えたかを、書くことは最も大事なことです。

（２）見てきたことを報告する

スーパーマーケット見学

三年　篠原　健太

学校から歩いて十分のところにある、にこにこスーパーマーケットに見学に行きました。赤い文字でお店の名前が書いてあるのでとても目立ちます。

働いている人たち

案内係という佐藤さんが、お店のことを説明してくれました。仕事は、肉を切る人、野菜をふくろにつめる人、商品を並べる人、お弁当を作る人、レジ打ちの人など、五十人もの人が働いています。また、お客さんは、一日に約千五百人来るのだそうです。お客さんは、午前中は主婦の人、夜はサラリーマンが多いそうです。

工夫して仕事をしている

そのあとで、肉を切っている人を見に行きました。仕事を始める前には、ねんちゃくテープで着ている服に付いたほこりを何度も取っていました。それだけえいせいに気をつけているのです。

次に、商品を並べる人に話を聞きました。ハロウィンが近いので、カボチャの絵の商品や目玉商品などは、通路のど真ん中に置いていました。人目に付きやすいところに置き、買ってもらいやすい工夫をしていました。

わかったこと・感じたこと

ぼくがいつも行っているスーパーでは、品物がお店に並べられる前にいろいろな仕事があり、みんな工夫して仕事をしていました。そして、お買い物をする人のことを考えていることもわかりました。

この報告文から書くときの大事なことを見つけてみましょう。

〈書く時のコツ〉

①何を中心にして報告するかを決める。

②内容のまとまりごとに見出しをつけて、分けて書く。

③分かりやすくするための工夫。

見たこと・様子を書く。

数字（人数・生産高など）はできるだけ入れる。

④取り入れるとよいこと。

場所・位置・外見の特ちょう。

規模《きぼ》・広さ。

係りの人の説明。

⑤分かったこと・感じたこと。まとめを書く。

◆調べたこと、見学記録文を書くとき、次のことをチェックしよう
――わかりやすく書くためのポイント――
①時間　時刻・分・秒、日《にち》、など
②形　どういう形か……理科のかんさつなどでは重要
③大きさ　数量、m、kg、m^2、人数、値段（円）
④場所　位置、方角（東西南北）、前後左右
⑤様子　明るい、固い、やわらか、まっすぐ、温かい、など
⑥表・グラフに表わす

《3》説明文・紹介文を書くとき
――生き物のふしぎを集めてひみつ図かんを作ろう

自分しか知らない生き物のひみつを、図や絵を上手に利用して、わかりやすく友だちに伝えるための文章を書いてみましょう。

【ひみつ図かんができるまで】

1　ふしぎノートを作る

身の周りの生き物について、気づいたことやふしぎに思うことを、ノートに書きとめておきます。また、いろいろな生き物の本から、きょう味がある内容をノートにメモをしておきます。本の題名や出版社、参考となるページなどもメモしておくと、後から役に立ちます。

〈ふしぎノートの例〉

○草むらのバッタは緑色なのに、かれ葉のバッタは茶色をしているのはなぜかな。

○ツマグロヒョウモンの幼虫は、なんであんなに目立つ色をしているのだろう。

身の周りで、ふしぎが見つからないなあという人は、次のような、生き物のふしぎやひみつについて書いてある本を読んでみましょう。きっと図かん作りのヒントが見つかると思います。

『海の擬態生物―海中生物の美しく不思議な変身術（子供の科学★サイエンスブックス）』
監修：海野和男／写真・文：伊藤勝敏／誠文堂新光社／2008年4月発行

『うみのかくれんぼ（しぜんにタッチ！）』
著者：小堀文彦、友永たろ／ひさかたチャイルド／2012年6月発行

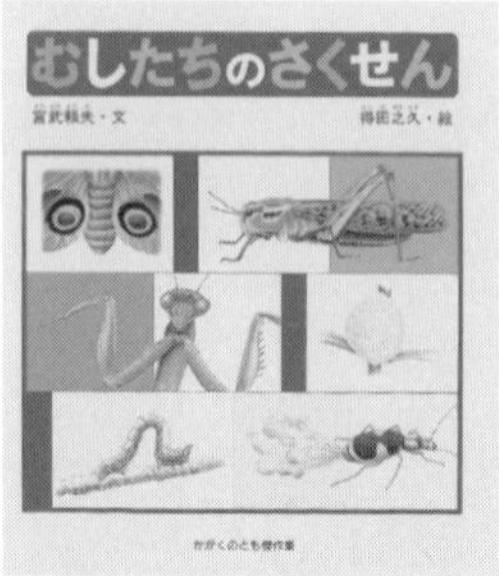

『むしたちのさくせん（かがくのとも傑作集）』
文：宮武頼夫、絵：得田之久
福音館書店／2000年4月発行

他にも、『虫のかくれんぼ』『自然のかくし絵』『昆虫たちの擬態《ぎたい》』『動物たちの超能力《ちょうのうりょく》』『花になったカマキリ』などがあります。図書室や図書館で探して読んでみましょう。

2　伝えたいひみつをしぼる

いろんなふしぎを集めたら、伝えたいひみつを選びます。そして、あなたのひみつ図かんの題名を考えましょう。題をつけることで書きたいことの中身がはっきりします。そのことで、さらに調べたいことが見つかるかもしれ

ません。題をつける時には、相手が読みたくなるような題名を工夫してみましょう。次のような題名から、どんな中身を説明しようとしているのか想像できますか？

「虫たちの生きる知恵」「助け合う生き物たち」「生き物のだましっこ」など。

3　文の組み立てを考える

次に文の組み立てを考えましょう。「書き出し」「生き物のひみつ」「まとめ」のだいたい三つまとまりに分けて、左のような組み立てメモを作ってみましょう。

題「音で見る動物たち」	
書き出し	イルカショーのこと（イルカはかしこい）
ひみつ	①イルカのちょう音波 ②コウモリのちょう音波
まとめ	イルカやコウモリは、音を使って物を見ている

4　分かりやすく伝えるための方法を工夫しながら書く

いよいよ説明文を書いていくわけですが、次のことに注意しながら書きます。「書き出しを工夫する」「ひみつの説明を分かりやすく書く」「まとめを書く」の三つです。次の作品を読みながら、書き方の工夫をみていきましょう。

音で見る動物たち

水族館では、ジャンプや輪くぐりなど、見事なイルカショーを見ることができます。いろいろな芸をおぼえたり、人間と仲良くなれたりするのは、イルカがかしこい生き物だからです。

さらに、イルカには、すごいひみつがあります。イルカは、真っ暗な夜やにごった水の中でも、しょうがい物をよけながら時速五十キロメートル

書き方ポイント①
書き出しの工夫

みんなが知っている話題から書き出し、さらにどんなひみつがあるのか投げかけることで、

ものスピードで泳ぐことができます。また、目かくしをしても、えさのにしんを追いかけることができます。

目を使わなくても、上手に泳げたり、えさをとったりできるのは、ちょう音波を使うからです。イルカは、図のように、おでこのメロンたいというところから、ちょう音波を出します。

ちょう音波は、人には、聞こえない高い音です。イルカは、ちょう音波を出して、はね返ってくる音の強さやはね返ってくる時間で、しょうがい物やえさの様子、きょりを知ることができるの

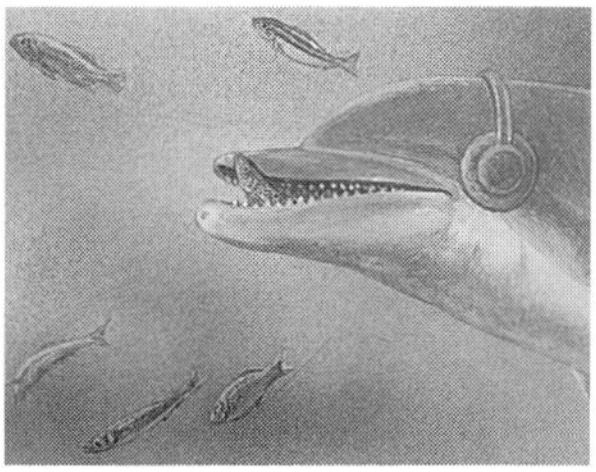

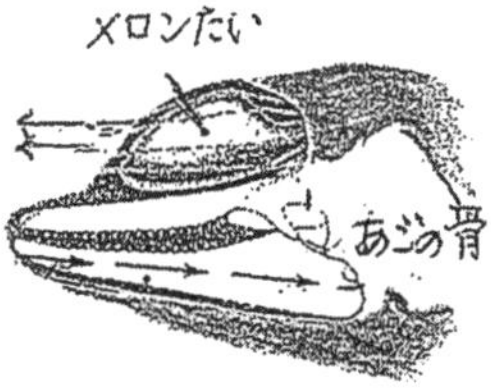

読み手をひきつけます。

書き方ポイント② 絵や図を入れる

図や絵などを入れて読み手に正しくイメージが伝わるようにします。目かくしの絵はイルカの実験の様子ですが、イメージが良く伝わってきます。

です。ちょう音波を使うと、三百メートル先の物を、一秒もたたずに知ることができます。

　また、ちょう音波を使う生き物には、コウモリがいます。コウモリはちょう音波を使って、真っ暗な夜でも、昆虫などのえさを見つけます。ところが、ガの仲間には、コウモリと同じちょう音波を出して、コウモリを混らんさせ、身を守るものもいます。

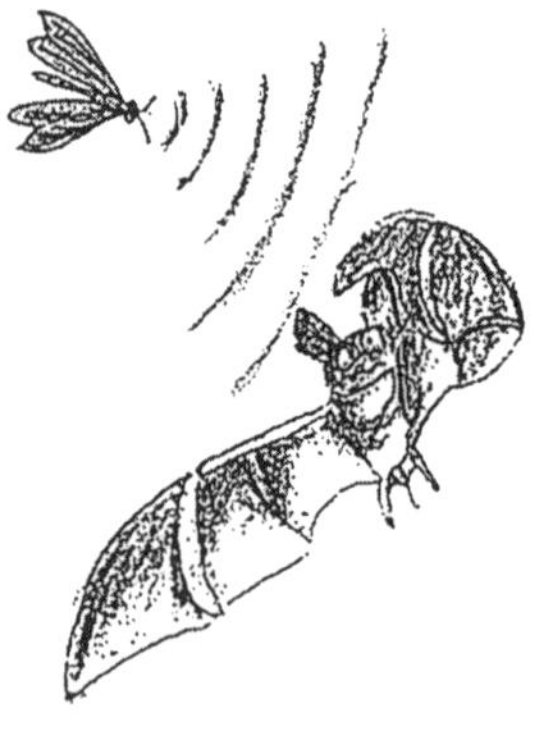

　このように、イルカやコウモリは、まるでちょう能力のように、音を使って「物を見る」という、ふしぎな力を持っています。

書き方ポイント③　理由やひみつの説明

ちょう音波を使う生き物が他にいないか、さらに調べたことを付け加えています。コウモリとガの、ちょう音波の戦いがおもしろいですね。

書き方ポイント④　まとめを書く

題名とつなげてま

とめを書くと、一番伝えたかったことがはっきりとします。

［調べた本］
- 『イルカ　超音波をつかう海のなかま』佑学社
- 『科学絵本　コウモリ』あかね書房

5　おもしろいしかけを考える

どんなひみつがあるのか、早く開けてみたいと思わせるようなしかけのある図かんを紹介します。
表紙は、画用紙の真ん中にハゲワシの絵が描いてあり、①と②は、観音開《かんのんびら》きに開くようになっています。とびらの内側には、ハゲワシのくちばしと、毛や羽が生えていない頭のひみつが書いてあります。読み手は、ひみつを知りたくて、早くとびらを開けてみたくなりますね。

表紙（開く前）

では、とびらを開いてみましょう。開けると、左のように、ハゲワシのくちばしと頭のひみつが書いてあります。書き方を工夫すると、作る方も読む方ももっと楽しめる図かんができますね。

そうじ屋のひみつ

ハゲワシは、自然のそうじ屋とよばれています。それは、死んだ動物を食べるからです。死んだ動物を食べるハゲワシのひみつは何でしょう。

←ここだけは同じです。

中形のシロエリハゲワシは、死んだ動物の体に、頭をつっ込んで肉を食べます。毛や羽がないと、頭をつっ込みやすくなります。また、頭や首が血だらけになりますが、血がすぐにかわいて不けつにならないのです。

アフリカに住むミミヒダハゲワシは、大形の動物の死体を食べます。そのくちばしは、死んだゾウの固い皮ふをはぐことができるほど、がんじょうです。

ハゲワシは、体の大きさで、食べる死体の大きさがちがいます。小形のエジプトハゲワシは大形のハゲワシ達の近くで、こぼれた肉を食べます。このように、ハゲワシ達のおかげで、死体がきれいにそうじされていきます。

調べた本『鳥のくらし』学研

②

①

内側（開いた状態）

《4》物語文を書く
――「決まり」を使って物語を書こう

物語は、思い出して書くのではなく「作って書く」のです。初めから、どんなお話にするかを、決めなくてはなりません。そのためには「物語の決まり」を知っておくことが大事です。

1　物語が面白いわけ

皆さんは『ワンピース』を読んだことがありますね。ルフィーが、宝物を求めて海

宝がほしい。

に出ていくお話です。じゃまをする海ぞくたちと戦います。ちょっと変わっている個性的な味方も現れて、宝を求めての航《こう》海《かい》が続きます。

二年生の教科書に出ている『スイミー』は、仲間の赤い魚たちと一緒に、まぐろを追い出し、平和な生活を取りもどします。

『ろくべえまってろよ』ではかんちゃんたちが穴に落ちた子犬を、知恵を働かせて助けます。

子犬を助けたい。

どれも似ていますね。
何かを手に入れたい、あるいは、困ったことが起こる、どうしよう。
「何かをしなくてはいけない」（課題）
物語にはこういう決まりがあったのです。

〈まとめ〉
主人公は、解決したいこと、手に入れたいもの、こまったことに出合います。
でも、かんたんには解決できません。敵《てき》やじゃまをするものがいます。
どうやって立ち向かい、たたかい、工夫して解決していくのか。
それが物語の面白さです。

2　五つの決まりを使えば物語が書ける

次の五つのことができれば、物語は書くことができます。

「スイミー」を例にして説明します。

①主人公＝とくちょうが少しはあったほうがいい。

スイミー＝真っ黒。泳ぐのが速い。

②解決しなくてはならない課題、問題が起こる。

仲間との安全で楽しい生活をとりもどしたい。

③それをじゃまする敵。または、解決がむずかしいわけがある。

平和を取りもどそう。マグロを追い出そう。

大きなマグロ。みんなが怖いと思っている。
④仲間・味方。助けてくれる人が出てくる。
海の底のウナギやわかめの林。後で見つけた赤い魚たち。
⑤戦《たたか》い。工夫。そのための努力や修行《しゅぎょう》そして勝利《しょうり》・解決。
大きな魚になって(工夫、練習・修行)、マグロを追い出した(戦い・勝利)。

スイミーもこのように「五つのきまり」で、できているのです。あなたが面白いと思って読んだお話を思い出してください。この五つのことが必ずあるでしょう。この五つの決まりを覚えておくと物語を読むときも役に立ちますよ。

3　いっしょに物語を作っていこう

では、ここから、五つの決まりを使って、物語を作っていきましょう。

①困ったこと、解決しなくてはならないこと＝自転車のカギを落とした

健太君（主人公）はゆうと君の家の近くで一緒《いっしょ》に遊んでいました。かえろうとしたとき、自転車のカギを溝《みぞ》のなかに落としてしまいます。せまいすきまなので手が入りません。石のふたのすきまからカギが見えています。

こういう問題です。さあ、どうしますか。

どうしよう

②邪魔しているもの・敵＝コンクリートのふた。せまいすきまカギは見えているけれども、手が入りません。溝《みぞ》のふたも動かせません。すきまは二センチしかありません。どうしたらいいでしょうか。

健太くんは、家族で夕方六時から旅行に出かけることになっていて、新幹線のきっぷも予約してあるのです。このように少しいじわるをしてみましょう。これが物語を面白くするのです。

③工夫や練習、修行

解決の方法を考えます。カギは鉄でできています。三年生でしたら「磁《じ》石《しゃく》でとる」という方法を考えますね。

ゆうと「そうだ、磁石で、吸い付けて取り出そう。」

と言って家に走っていって糸と磁石を持ってきます。

いい工夫ですね。

ところが、磁石は太すぎてすきまには入りません。

こんな風にしていくと面白そうですね。かんたんに解決できないほうが面白いのです。二人はこまりはてます。

④助ける人、味方があらわれる
そこへ五年生が通りかかります。

「あのさ、細いくぎを磁石にすればいいよ。」と教えてくれます。

「あ、そうか、理科でやったよな。くぎを磁石でこするとくぎが磁石になるんだ。」

味方が現れたのです。そして工夫

そうだ、磁石で、吸い付けて取り出そう。

もします。ここで大事なのは、全部味方にやってもらうことではありません。ちょっとヒントをくれる、少し助けてくれるぐらいでいいのです。

⑤修行・練習・腕をみがく

健太とゆうとは、くぎを見つけて、磁石でこすります。この部分は、「練習」や「修行」ということになります。見ている五年生が「同じ方向にこすらないとだめだよ。」と言います。やり直しです。時間が気になります。

⑥勝利・解決

二人はやっと、くぎの磁石を作って、ぶじにカギは取り出せます「理科の勉強も大事だよなあ。」と言って五年生は去っていきます。

あのさ、細いくぎを磁石にすればいいよ。

という場面で終わります。

③と⑤は練習・修行・工夫で同じですがレベルがちがいますね。ですからくり返しがあってもいいのです。

では、ここまでのことをもとにしてこれを物語の文章に書きなおしてみましょう。

この本の、「Ⅰ基礎編」にある「会話の書き方」「様子の書き方」なども使って物語に書くとこうなりました。

4　物語に書く

自転車のカギ

健太は、ゆうとと、ゆうとの家の近くの公園で遊んでいました。夕方近くになって帰ろうとしたときに、健太は自転車のカギをみぞに落としてしまいました。カギは、すきまから見えるのですが、みぞのふたは石でできていて、重くて動きません。健太は夕方から家族旅行なのです。早く帰らなければなりません。その時、ゆうとが言いました。

「磁石を持ってくるよ。」

ゆうとは走っていって家から、磁石と糸を持ってきました。糸で磁石をしばって、ぶら下げようとしましたが、すきまが、せまくて、磁石は入りません。

そこへ五年生のまさき君がとおりかかって言いました。じゅくへ行くところでした。

「細いくぎを、磁石にすればいいと思うよ。」

「あっそうか。くぎを磁石でこすればいいんだ。」

ゆうとは今度は家からくぎを持ってきました。磁石でくぎを、こすりましたが、くぎは磁石にはなりません。おかしいなと二人が言っていると、五年生のまさき君が言いました。

「あのさあ、ただこすればいいんじゃないの。同じ方向にだけ、こするんだよ」

「あっそうだったっけ。」

二人は今度は交代で、同じ方向にこすりました。すると、くぎは砂鉄が付くような磁石になりました。糸で、ぶら下げると、せまいすきまにも入りました。ゆっくりと持ち上げると、くぎにはカギがついていました。

「やったあ。」

二人がよろこんでいると、

「君たち、理科の勉強、ちゃんとやれよ。」

まさき君は、そういって、走り去っていきました。

健太は、家族旅行に間に合うことができました。

別な展開例――こうしたらどうなるかな
・チューインガムでくっつけてカギをとろう。
・でもガムを買うお金がない。
・自動販売機の下を棒でさらってお金を見つけよう。
・でもお金は出てこない。

・お釣《つ》り銭《せん》の受け取り口に手を入れてみた。
・百円玉を見つけたが、消費税分、八円が足りない。

さあどうしますか？
この続きを考えながら物語に仕上げてもいいでしょう。

《5》新聞を書く
——記事の特長をとらえて書こう

「新聞」のよいところは、読み手にとっては、手がるに読めることです。そして、書き手にとっては、伝えたいことを分かりやすくまとめることで、自分の考えが整理でき、考えを深めることもできます。

さあ、新聞づくりに挑戦です。

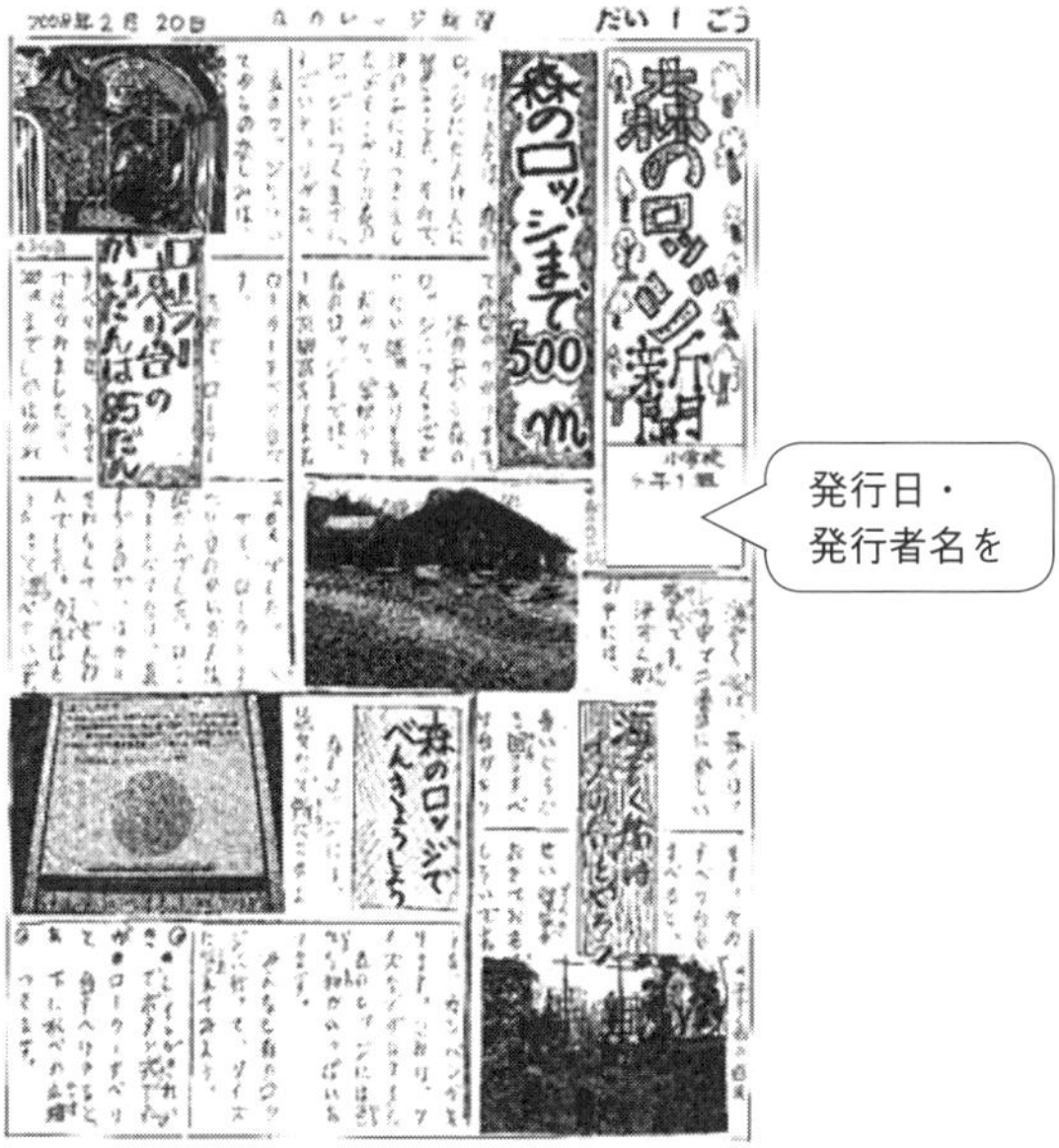

三年生の学級新聞「森のロッジ新聞」

1　新聞をつくる手順

「学級新聞」でも「学習新聞」でも、新聞は次のようにつくります。

①題字が大事

新聞のテーマにあった名前（題字）を考えます。新聞の顔なので、「題字は大事」と言うほどです。親しみやすい名前がよいでしょう。

②いろいろな角度から考える

記事は、五つぐらい考えます。テーマについて学習したことから、おもしろかったことや興味をもったこと、疑問に思ったことなどいくつか考えて、いろいろな記事をのせると楽しいです。

③トップ記事を決める

記事の大きさと場所を決めることを「わりつけ」といいます。

いちばん伝えたいことをはじめ(トップ記事)にもってきます。二番目、三番目といくほど文章の量は少なくします。

見出しや写真がたてに重ならないように、記事の場所を決めます。

④取材が命

授業で学習したことや経験したことだけでなく、もっと知りたいと思ったことを図書館や博物館やインターネットで調べたりします。

現地に行って資料を集めたり写真にとったりインタビューしたり、友だちにアンケートをしたりするのもよい方法です。調べたいことは事前に書き出しておき、大事なことはメモを取ってきましょう。

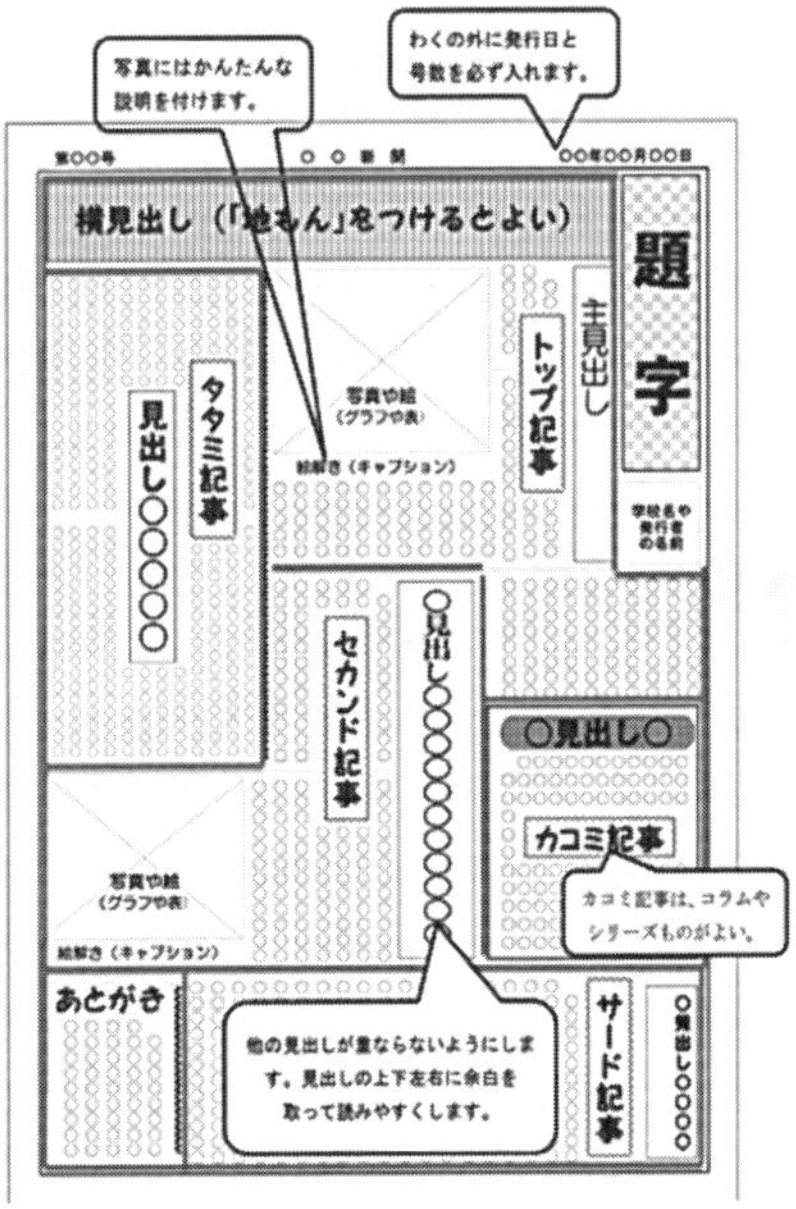
写真にはかんたんな説明を付けます。
わくの外に発行日と号数を必ず入れます。
第○○号
○○新聞
○○年○○月○○日
横見出し（「地もん」をつけるとよい）
題字
学校名や発行者の名前
主見出し
トップ記事
写真や絵（グラフや表）
絵解き（キャプション）
タタミ記事
見出し○○○○○
セカンド記事
○見出し○○○○○○○○○○
○見出し○
カコミ記事
カコミ記事は、コラムやシリーズものがよい。
写真や絵（グラフや表）
絵解き（キャプション）
あとがき
他の見出しが重ならないようにします。見出しの上下左右に余白を取って読みやすくします。
サード記事
○見出し○○○○

⑤記事の書き方

三点セット

見出し・本文・カット（写真・図表やグラフ）の三つがセットです。わりつけの文字数に合わせて、伝えたいことや大切なことを落とさずにわかりやすく書きましょう。

記事をまとめる要素

記事をまとめる要素は六つあります。「いつ・どこで・だれが・何を・なぜ・どのようにした」です。六つの要素を書いて、とくに知らせることをくわしく書きます。

見出しは、読んでもらう案内役。「ひと目で内容がわかる」「伝えたいことを短いことばでズバリ」がポイント。
「全員参加の水族館遠足・イルカジャンプに大はしゃぎ」、こんなふうに書くのだね。

大事なことは先に書く

新聞では、忙しい人が読んで分かるように大事なこと（結論など）は、先にまとめて書きます。その後で、その出来事の大事なこと分かるように書いていきます。短い文で、次々と「……した。」「……しました。」と書いていきます。

調べたことを書くときには、資料をそのまま書き写しただけの文章にしないで、自分の考えたこととつなげて書いていきます。

また、使った資料名もわすれずに書いておきましょう。

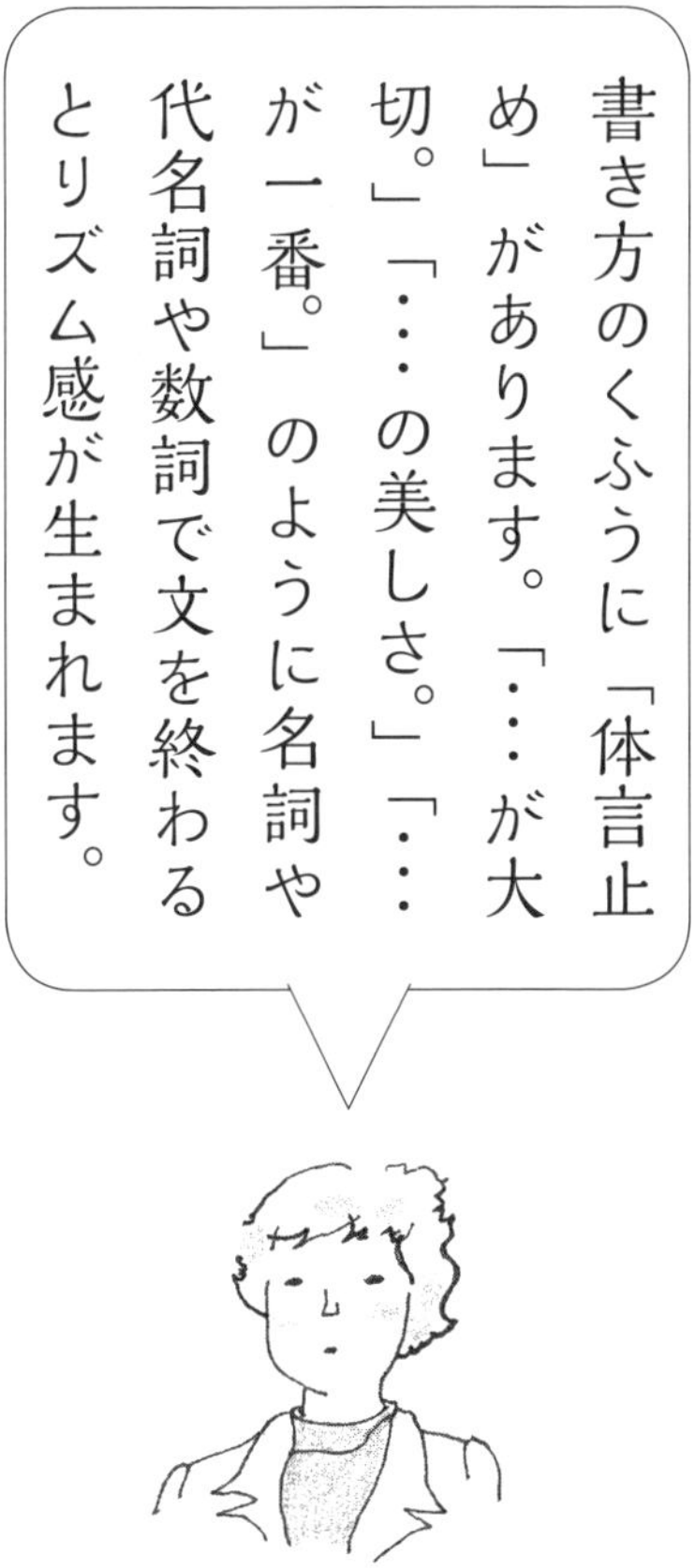
書き方のくふうに「体言止め」があります。「…が大切。」「…の美しさ。」「…が一番。」のように名詞や代名詞や数詞で文を終わるとリズム感が生まれます。

⑥リサイクル工場の見学記事

「ゴミを分別しなきゃ！」――アイクル見学――

六月二十四日（木）、四年生が、リサイクル工場のアイクルに行きました。そこで、ゴミの分別のしかたを見学しました。

まず、ビデオでアイクルの説明を見ました。

次に、四角く固めたり、くだいたりしたゴミを見ました。ゴミには、かん・ビン・ペットボトル・容器ほうそうプラスチック・紙パック・ダンボール・おかしの箱などがありました。

ビンはくだいた後、色別に分けて、いろいろな物にリサイクルするそうです。無色・茶色・その他の色でアスファルトの原料になります。ペットボトルは服になったり、また、ペットボトルにも

◆書き出し

・いつ・だれが・どこで・どうした（大事なことをまとめて書いている）。

◆次から（くわしく書いている）

・見て分かったこと。

・聞いて分かったこと（伝聞の形）。

どったりします。アルミかんはしょり工場へ。もやせるゴミは南しょり工場へ運ばれてもやします。ビン手せん別コンベアは、人がせん別していました。「困る事はペットボトルの中に水が入っていると、重くて風に飛ばされなくて、ビン手せん別コンベアに来てしまうことです。」と、せいそう工場の上原さんは言っていました。わざわざ容器ほうそうプラスチックの水を取り出してすてなければいけません。それが、一日に何本もあるそうです。

これからもちゃんと分別してゴミを出していかなければなりません。アイクルは少しくさかったです。においをなくすためには、ゴミをあらってから出すことが大切です。

・とくに心に残ったこと。

◆まとめの感想と学んだこと

このように、四年生の宇佐美さんは、リサイクル工場見学を記事にしました。ゴミの分別の大切さを、働く人の立場からも考えて伝えています。取材した人の声をそのまま書くと、様子が目にうかんできます。

なお、かぎられた文字数の新聞では、会話文は改行しないでそのまま続けて書きます。

⑦チェックが大事

下書きを見て、見出しや本文に文字のまちがいやぬけているところはないか、友だちと読み直しします。写真や図表、グラフなどで、わかりやすさをアップします。見出しは、ひと目で内容が伝わって、しかも読み手をひきつける文を考えます。

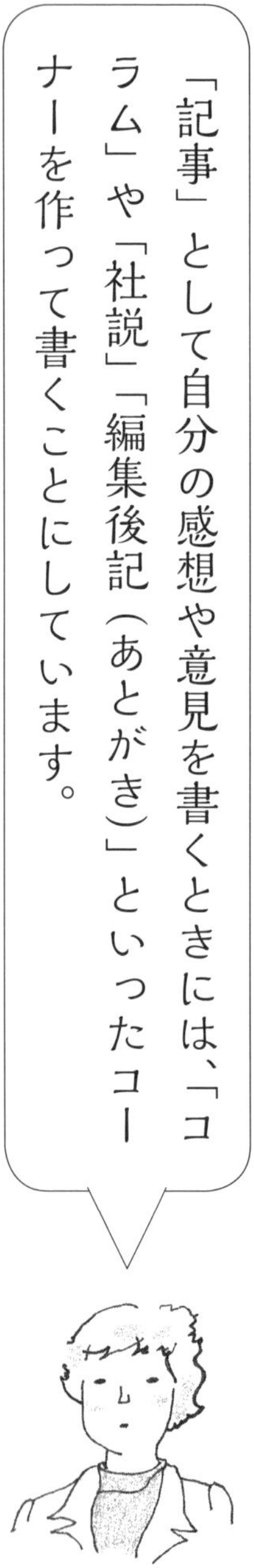
「記事」として自分の感想や意見を書くときには、「コラム」や「社説」「編集後記（あとがき）」といったコーナーを作って書くことにしています。

⑧清書して、校正を

清書用紙に本文を、文字の大きさをそろえて、ていねいに書きます。つぎに、見出しや図を書きます。見出しはカラーペンやクレヨンなどを使って太くします。書き終えたら、書きまちがいがないか見直しましょう。

⑨読み合う

できあがった新聞をみんなで読み合いましょう。内容や書きぶりについて、感想を伝えあって、つぎの新聞に生かします。

2　新聞を書いて一歩前へ

①勇気と希望を与えたカベ新聞

読み手に喜んで読まれるには、見た目がいちばんです。しかし、発行を待ち望まれて、そして何かを変えていくような新聞が、よい新聞なのです。みんながいろいろなことを知りあって、自分の気持ちや意見が発表できる新聞は、手軽な方法の一つです。その良い例として、二〇一一年三月の東日本大震災《しんさい》のとき、避難所《ひなんじょ》の子どもたちが自主的に発行した手書きのかべ新聞「ファイト新聞」があります。ファイト新聞は、被災《ひさい》したみなさんに勇気と希望をもたらしました。

②呼びかける記事

新聞に学級や学校の問題を出せば、みんなで考えて解決していくきっかけをつくり、なかまづくりを進めることができます。ある小学校六年生の学級新聞に、「ぼく・わたしの意見」というコーナーがありました。

「二度チェックで忘れ物ゼロ」

今週、私は音楽の教科書を忘れてしまいました。でも、となりの田中さんが教科書を見せてくれて助かりました。

このごろ、私だけでなく忘れる人がいるので、気をつけましょう。夜に用意して、家を出る前にもう一度忘れ物がないか見るようにすると、何も忘れないと思います。
でも、忘れてしまった人がいたら、
見せてあげてください。

この記事を書いた子は、忘れ物の経験をもとに忘れ物をしない方法と助け合いを書いています。

小池さんは、「今、はやりの遊び」として寒さに負けず外で遊ぼうと言っています。友だち関係や遊び、忘れ物、授業態度など、日ごろ教室で気になっている事がらへの意見をのせるのです。すると、「そうだね。気をつけよう」と学級全体にわかってもらえ、書き手もうれしそうでした。

③「スピード」も大切

タイムリーな記事は外せません。佐藤さんは、めずらしく雪が降った日を記事にしました。みんなは何をしたかインタビューして、「雪だるまを作っ

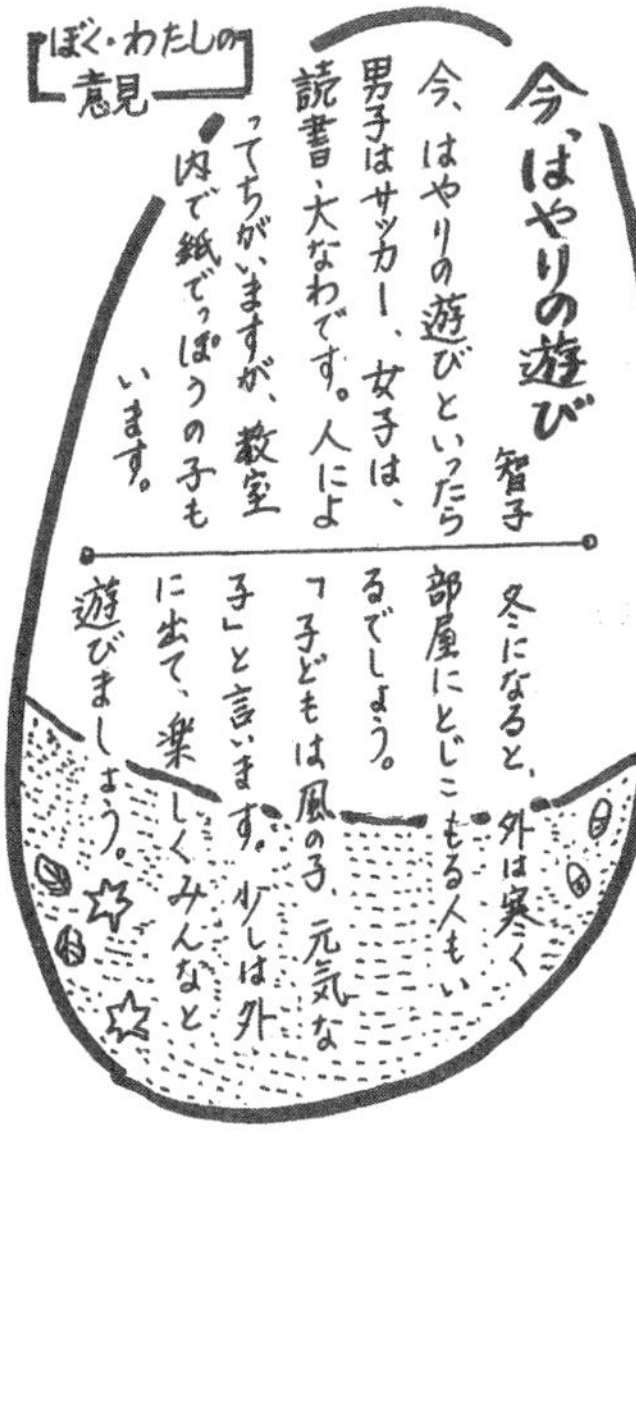

た人が多かった」とわかったそうです。

運動会や学習発表会への意気ごみや、理科実験でのおどろき、算数の解き方大発見、国語での意見対立などは、教室ならではの記事になります。楽しかった授業や出来事を、素早く記事にして新聞で読みあうと、活動のよさをもう一度感じることができます。また、学級の記録にもなります。

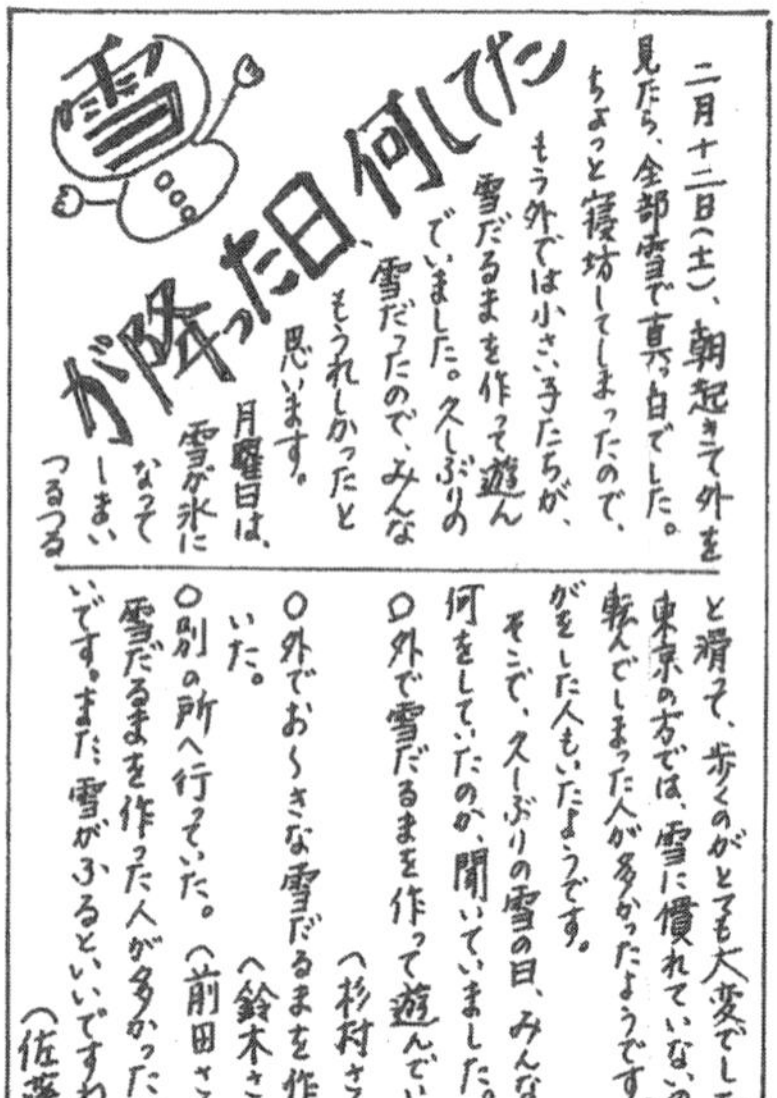
雪が降った日、何してた

二月十二日(土)、朝起きて外を見たら、全部雪で真っ白でした。ちょっと寝坊してしまったので、もう外では小さい子たちが、雪だるまを作って遊んでいました。久しぶりの雪だったので、みんなもうれしかったと思います。

月曜日は、雪が氷になってしまい、つるつると滑って、歩くのがとても大変でした。東京の方では、雪に慣れていないので、転んでしまった人が多かったようです。けがをした人もいたようです。

そこで、久しぶりの雪の日、みんなは、何をしていたのか、聞いていました。

○外で雪だるまを作って遊んでいた。（杉村さん）

○外でお～きな雪だるまを作っていた。（鈴木さん）

○別の所へ行っていた。（前田さん）

雪だるまを作った人が多かったみたいです。また雪がふるといいですね。（佐藤）

3　どんな新聞を発行しますか

何でも新聞にできます。どの教科でもその学習から、新聞づくりができます。おすすめは「読書新聞」です。感想文だけでなく、新聞にしてみんなに配ってはどうでしょう。本のよいところを紹介したり、みんなの読書の様子について調べたり、同じ作者の作品を比べて読んで発表したりします。同じ作品を読んでも感想は人それぞれです。なかに、おすすめの本の広告を入れると楽しい作品になります。

四年生が国語「ごんぎつね」で、毎時間の学習をはがき新聞にしました。「いたずらなごん」から「かわいそうなごん」まで、ごんの変化の読み取りをまとめています。この新聞は、宝物になりました。

はじめにのせた新聞「森のロッジ」は、三年生が総合的な学習の時間で、地域を調べた新聞です。道のりや階段数を測ったり、おすすめの遊具を紹介したりして、下級生に発表会で配って喜ばれました。

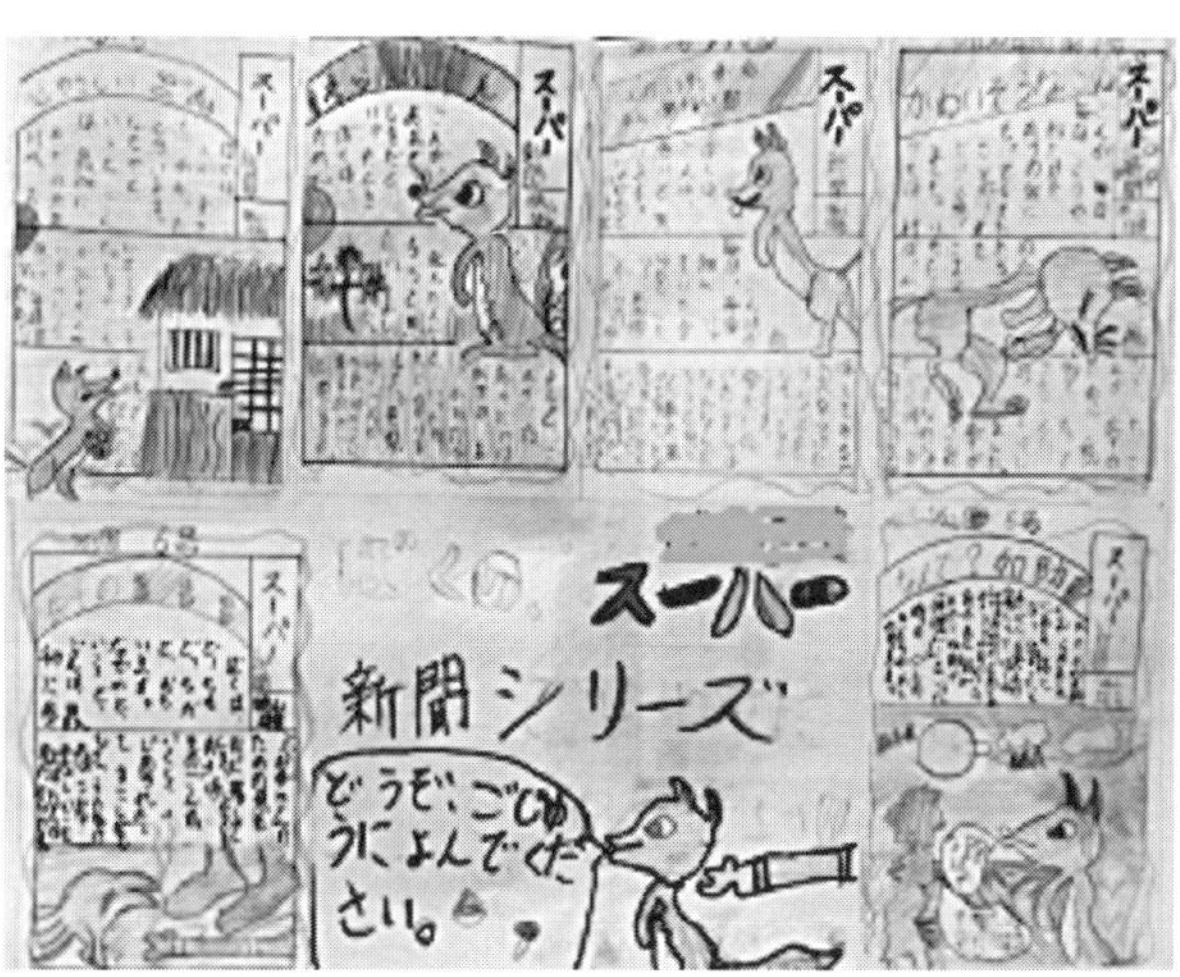

《6》読書感想文を書く
——部品を作って組み立てよう

だって、何書いたらいいか、わからないんだ……
読書感想文？えーっ、にがて。
だいじょうぶ。本の選び方で、書くことは見つかりますよ。部品を作って組み立てるとわかりやすい感想文ができ上がります。

1　書くことが見つかる本の選び方

○思い出すことがある本を選びます。
「そういえば　わたしも……」
「ぼくも前に……」
○心に残った言葉を見つけます。
本のどの言葉で、思い出したのでしょうか。
それが、心に残った言葉になります。
この二つができる本を選びます。ここが一番大事です。

2　組み立て式の書き方

部品1　はじめ（選んだ本と、心に残った言葉を書く）

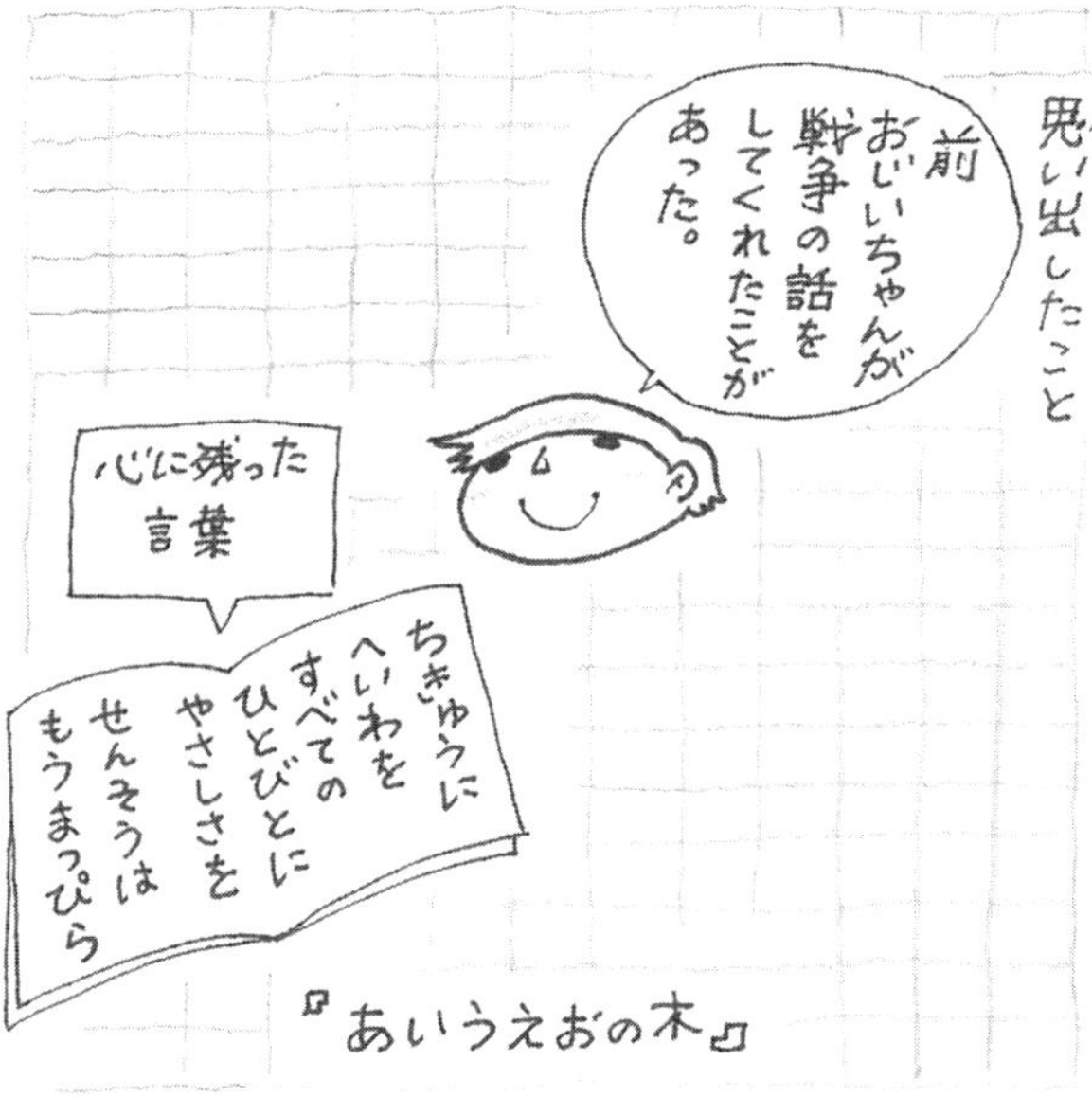

部品2　なか1（本を読んで、思い出した自分の出来事を書く）

部品3　なか2（心に残った言葉を中心に、本のことを書く）

部品4　おわり（部品を書いてきて、わかったこと、考えたことを書く）

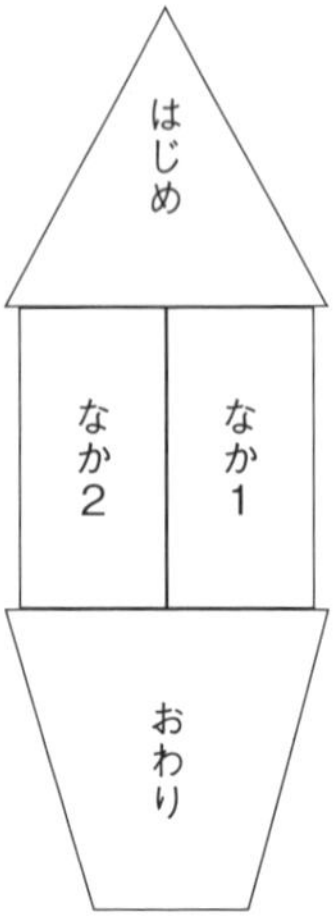

組み立て・題決め

○部品作りのコツを教えます。

・部品は、一日一つずつ作ると、つかれない。

・消しゴムは使わない。———で消します。

つけたしは、○○○○○○と、小さな字で書きます。
なおしたい時は、――で消して横に書きます。

・書き終わったら、何度も読んで完成させます。
「これでいいかな？」

「わかりやすいかな？」

3　部品を作る

はじめ
なか1
なか2
おわり

部品は、新しい原稿用紙に書きます。
部品が、小さな作文になるようにします。

①部品1　はじめ

選んだ本と、心に残った言葉がわかるように書きます。

ぼくは、レオ・レオニの『あいうえおの木』を読みました。この本は、「ちきゅうにへいわを、すべてのひとびとにやさしさを、せんそうはもうまっぴら」といっています。

（あきら）

本の題名は『　』を使って書きます。作者も書きます。

心に残った言葉は、「　」を使って引用《いんよう》します。

②部品2　なか1

本を読んで思い出した、自分の出来事を書きます。

私は、妹も成長したなあと思ったときのことを、よく思い出して書こう。（のり子）

ぼくは、おじいちゃんが戦争の話をしてくれたときのことを書けばいいんだ。（あきら）

ほかの人にもその時のことがよくわかるように書くコツを教えてください。

いつ、どこで、誰が、何を、とよく思いだしてぬかさず書くのがコツです。

③部品3　なか2

ここは、本のことを書きます。心に残った言葉を中心に書きます。

本を読んでない人に、本のなかのことをわかってもらう、書き方のコツ、教えてください。（のり子）

お話のあらましを、いつ、どこで、だれが、どうしたのか、どんな気持だったのかなど、ぬかさず書けば、本を読んでない人にもお話が伝わります。心に残った言葉を読んで、あなたが思ったことも書きます。思い出した自分の出来事とくらべて、にているところやちがうところも見つかってきたでしょう。

心に残ったことをこのように書けば良いんだね。（あきら）

『あいうえおの木』でも、あらしのとき、いっぱいのもじたちがとばされました。これは、戦争のときのいっぱい死んでいた人のような感じだと思いました。

　そのとき、もじたちは、こわくてこわくてつらかっただろうと思いました。「もじたちは、おそろしさのあまり、したえだのしげみふかくかたまった」と書いてあります。

　もじたちにとって、あらしは戦争のようなこわさなんだなと思いました。

心に残った言葉を中心に、自分のこと、本のことを書いてきました。

自分のことを書いたあとに本を読んだら、本の主人公の気持ちが前よりよくわかったよ。（あきら）

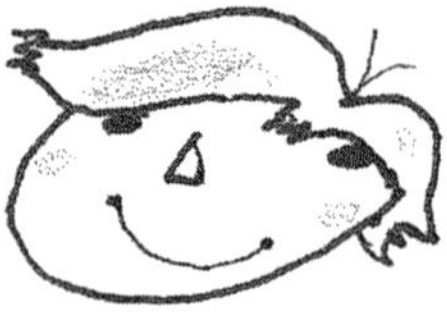

何度も本を読んで心に残った言葉を考えたら、本を書いた人が伝えたかったことがわかった気がする。（のり子）

さあ、いよいよ

④部品4　おわり

わかったこと、思ったこと、考えたことなどを書きます。

そう。こんなことがわかった、気がついた、こう思った。

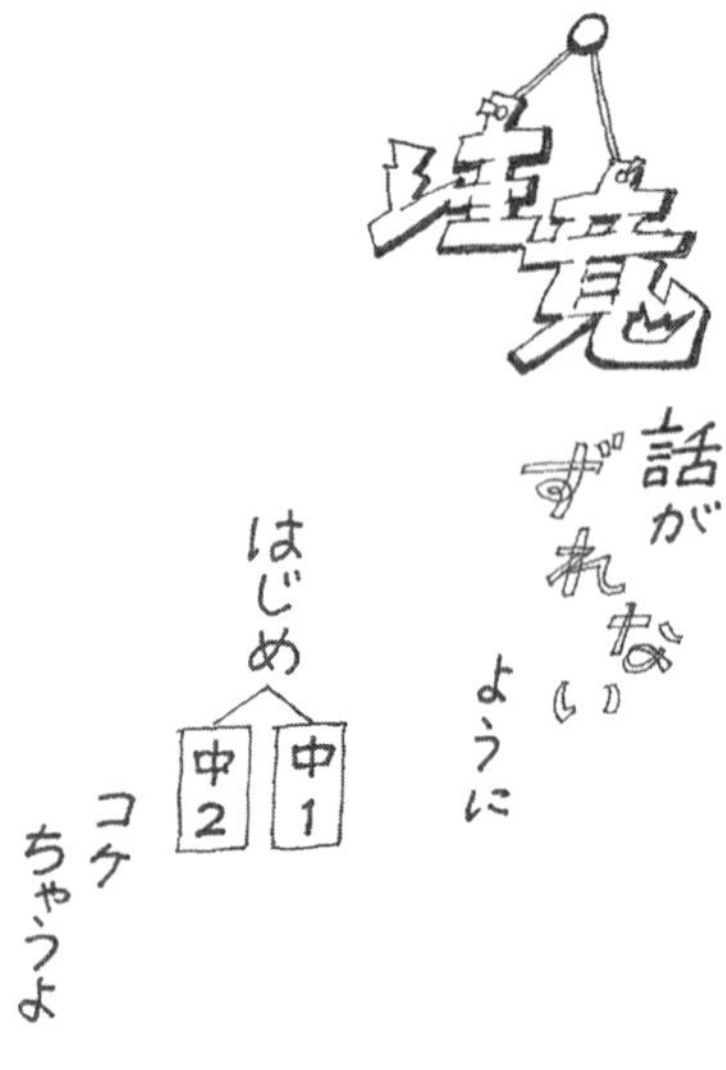
話がずれないように
はじめ
中1
中2
コケちゃうよ

心に浮かんだ　あなたの感想を書きます。

話がずれないように気をつけて、思ったことを書くのだね。（のり子）

　ぼくはこの本を読んで、おじいちゃんの戦争の話がよくわかったような気がします。この本は「ちきゅうにへいわを　すべてのひとびとにやさしを　せんそうはもうまっぴら」と、こんないいことをいっているのに、なぜ、戦争はなくならないのか「ぎもん」に思いました。

　ぼくが大人になって戦争を始めようとしていたら、この『あいうえおの木』を思い出して、なおしていこうと思います。

あきら

4　題を決める

はじめから終わりまで、つづけて読みます。

題を三つぐらい考えてみます。

そのなかで、一番ピッタリした題にします。

う～ん。
「戦争はもうまっぴら」が一番ぴったりだな。（あきら）

あっ、たいへん。字、まちがえている！（のり子）

えらい！　よく見つけました。だいじょうぶ。――――で消して、正しい字を書きます。ここで、もう一度見なおしましょう。

5　組み立てる（清書）

はじめから、終わりまでつづけて原稿用紙に清書します。

・部品は段落になりますから、はじめの一マスをあけて書きます。

・清書です。ていねいな字で書きます。まちがえたときは、消しゴムで消します。

完成です。あなたしか書けない感想文ができました。がんばりました。

[参考作品]

・「戦争はもうまっぴら」――『あいうえおの木』をよんで――　おその　あきら

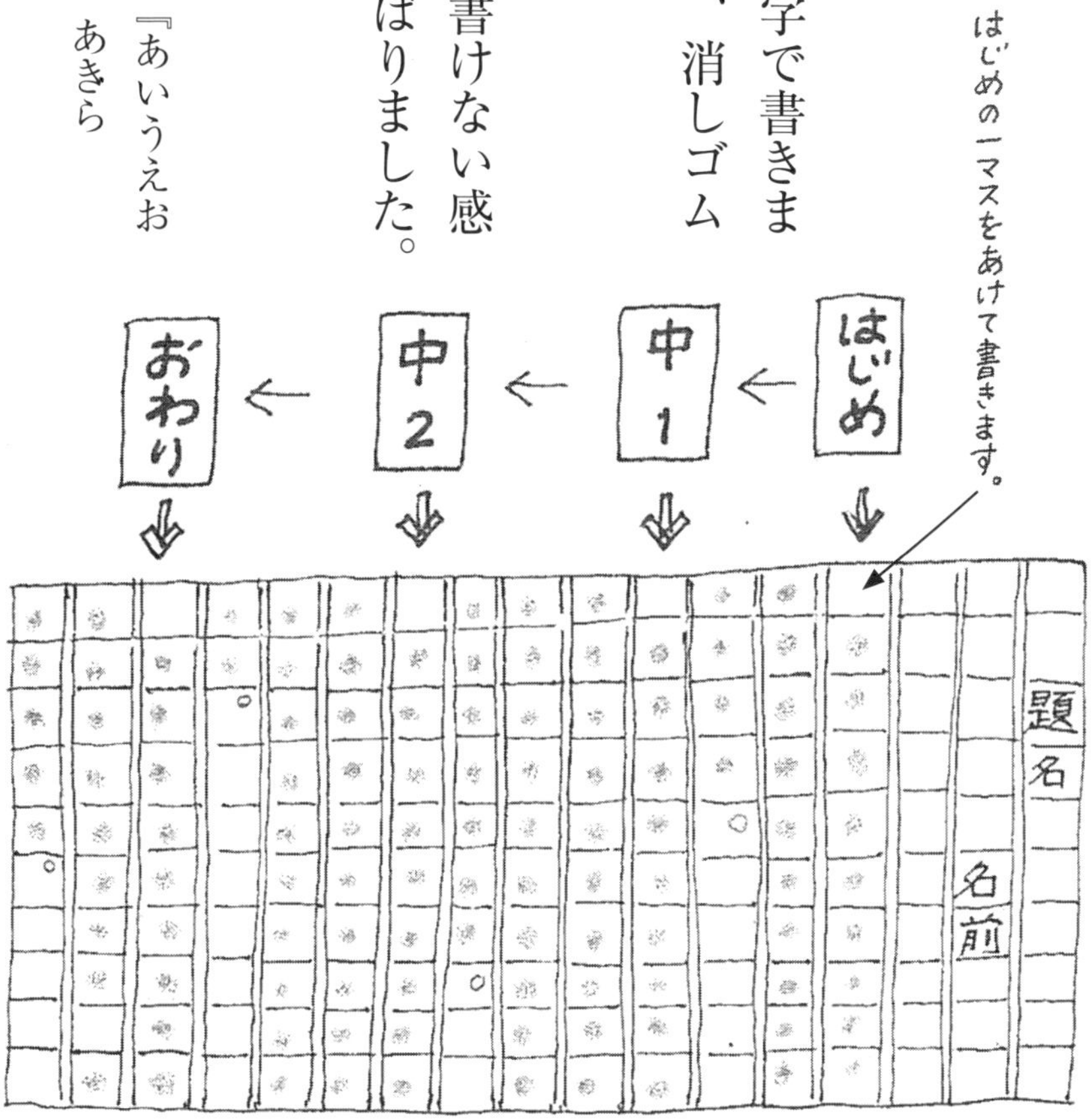

《7》スピーチ原稿を書く
――自分の出来事を入れて話そう

みなさんに聞きます。

・友だちと話をするのは、好き？　きらい？
・朝の会や帰りの会で司会をするのは、好き？　きらい？
・じゅぎょうで発表するのは、好き？　きらい？
・学習発表会や学芸会でおしばいをするのは、好き？　きらい？

好きな人は、もっと大好きになる。きらいな人は、みんなの前で話した時、ちょっと気持ちが良くなる。そんな「魔法」をこれから教えます。

その「魔法」はお話のサンドイッチです。サンドイッチはパンにはさまった具がおいしい方がいい。おいしいサンドイッチを作るように、聞きたくなるスピーチの作文を作りましょう。

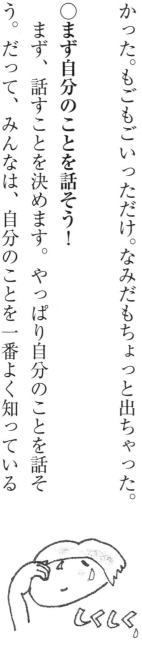

1　話すことを決めよう～サンドイッチのおかずです

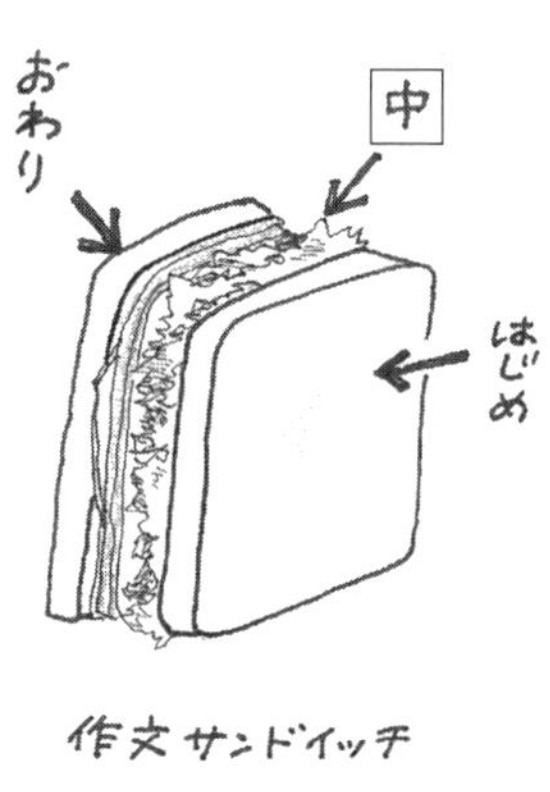

○頭のなかがまっ白！　思うように話せない

「あるある！」

話すことを決めてしゃべり始めたのに、ぜんぜん話せなかった。もごもごいっただけ。なみだもちょっと出ちゃった。

○まず自分のことを話そう！

まず、話すことを決めます。やっぱり自分のことを話そう。だって、みんなは、自分のことを一番よく知っているでしょう。だから、その自分のことを話してみよう。それだけで少し安心できます。

○でも、自分のことってむずかしい

そうなんです。ふだん自分のことって考えていないから、思いつきません。そこで、こんな練習＝修行をやってみましょう。

修行〜このごろ、

「ああああ」「いいいい」「うううう」「ええええ」「おおおお」と思ったことを書いてみよう。

例えば、「『ああああ』と思ったこと」ってこんなこと。

「へん顔」

ケンタ

みんなで地下鉄で行く時のことです。地下鉄を待っていると、先生が近づいてきました。先生が、

「へん顔しな。」

と言いました。ぼくは、

(やりたくない。)

と思って、やりませんでした。先生が、

「へん顔したら、けんかの半分はなくなるよ。」

と言っていたので、ぼくは、

(うそだ。)

と思ったけどしてみました。やってみたら、まわりの人が笑っていました。

こんなことあるでしょう？　思い出した？　そうすると、「あああ」にも、

いろいろな「ああああ」があるね。

○びっくりした「ああああ」
○あきれた「ああああ」
○かなしい「ああああ」

そうすると、「いいいい」「うううう」「ええええ」「おおおお」もたくさんあるよ。

「今日の『ええええ』さがしゲーム！」

なんて、みんなで遊んだり、一人で思い出してみたりするといいよ。そうしたら、「話すことがないい～！」ということもへっていくだろう。

2　聞いてもらえるように「はじめ」と「おわり」

次は、サンドイッチのパンの部分です。このパンには、「はじめのパン」と「終わりのパン」がある。

○はじめのパン（はじめ）

「はじめ」は、聞く人があなたの話を「聞きたい！」と思ってもらうところです。だから、まず「何を話すか」です。例えば、さっきのケンタ君の「へん顔」なら次のように書いてみましょう。

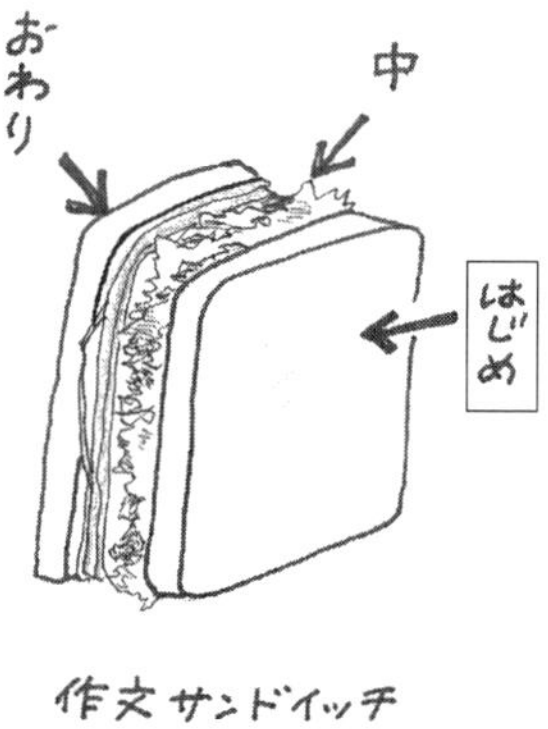

作文サンドイッチ

Ⓐぼくは、「へん顔」の話をします。
Ⓑみなさん、「へん顔」って知っていますか？したことはありますか？
Ⓒぼくは「へん顔」をしたくありませんでした。
Ⓓでも、することになってしまいました。

Ⓐまず、何の話をするのかを、みんなに知らせます。

Ⓑ「知っていますか？」「したことはありますか？」と話しかけてみます。

Ⓒけんた君に、「何がおきたんだろう？」と思ってもらいます。

Ⓓ「へん顔について知っていますか？」「したことはありますか？」と話しかけてみます。

さあ、書いてみよう。もし、自分のことではなく、調べたことを発表するなら、「何を」「どのように」調べたのかを書きます。

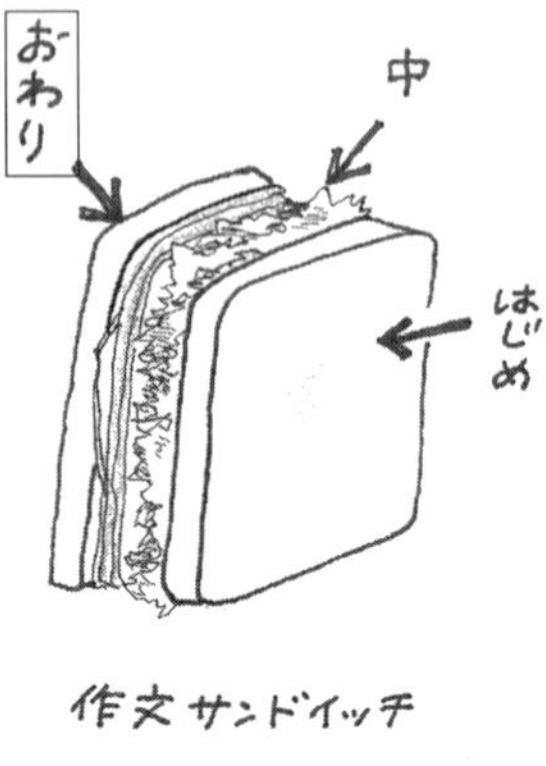

○終わりのパン（終わり）

さいごのパン、終わりです。自分が書いたことから、思ったことや考えたことを書きます。

ケンタ君だったら、

正直に書こう！

ぼくは、今でも先生の言葉をうたがっています。それに、どうして、まわりの人がわらったのだろう？　でも、けんかがへったらいい。でも、先生の言葉はまだうたがってます。

こんなふうに書くといいですよ。

（こんなこと書いたら、わらわれるかなあ？）と思ったり、無理をしていいことを書いたりしなくていいんだよ。

○「したこと」「見たこと」を大事にしてね。

三年生、四年生のみんなは、今、自分の身のまわりのことを考える、身のまわりのことから考える。これが大事です。そのとき、「したこと」「見たこと」をていねいに書く。そうして、すてきなお兄さん、お姉さんになってください。

どうして身の回りのことを話すといいのか。それは、そこにあなたの個性があるからです。そう！　あなたの話が聞きたいんです。

聞く人は、あなたにどんなことがあって、あなたがどんなことを考えたのか、それが知りたいのです。それを話すことで、あなたの思いや考えがみんなによく伝わります。しかも、よく聞いてもらうことができます。

だから、自分の「したこと」「見たこと」を入れて話すようにしてみましょう。

◎調べたことを発表するときは？

学校のじゅぎょうで調べたことを発表することがあります。そんなとき、

・知っていることをもっと調べる。

・まだ知らないことを新しく調べる。

の二つがあります。どちらにしても自分が「したこと」「見たこと」があることを入れて、スピーチするようにしましょう。

◎みんなも発表してみよう！

①立ち止まってから、おじぎをしよう

自分の席からみんなの前に着きました。ドキドキしています。でも、一度止まって「きをつけ」です。あわてて、礼をしません。そして、みんなを一度見ます（これができたらすごい！）。それから、ゆっくり礼をします。

②頭を止めてから、話し始めよう
はずかしい！　きんちょうする！　でも、顔を上げたら、一度いきをすいます。それから話し始めよう。

みずき

私は、ことわざについて発表します。

私は、「ことわざブック」を作ることになりました。それで、ことわざを調べると、次々に良い言葉が出てきました。そのなかの一つが「桃栗三年、柿八年」です※。これは、「何事もいい結果が出るまでは、長い時間がかかる」と言う意味です。私は、このことわざに合う、学校で一番いんしょうにのこったことをさがしました。

私は、漢字が苦手でした。それで、私は、先生に、

※ここで
桃栗三年、
柿八年
と書いたカードを見せます。

「漢字を習いたいです。」

と言いました。すると、大原先生は、

「よし！　じゃあ、やろう！」

と言ってくれました。その日から給食じゅんび中に一日三問練習すること

になりました。

一カ月たって、漢字五〇問テストがありました。私は、だいじょうぶか

なぁ。ぜったい〇点だぁ、と思いながら書きました。意外とすらすら書

けました。私は、いける！　と思いました。返ってきたテストの点数は

六十二点でした。前よりできてました。

それから、四カ月たって、また漢字テストがありました。よし、今回の

目標は九〇点以上だ、と思って答えを書きましたが、返ってきたテストは

八十八点でした。ざんねん。九〇点以上とれませんでした。

四年生になりました。漢字テストが返ってくると、それは98点です。私

は、「ヤッター！」と何度も言いました。先生も、「練習のせいかが出たん

だ！」と言いました。お母さんも、「良かったね。」と言ってくれました。

私は、学校や家にいるだけでも、ことわざが出てくるんだなあと思いました。調べて覚えたことなので、家族やおじいちゃんやおばあちゃんにも教えてあげたいし、教わったりもしたいです。

これで、私の「ことわざ」の発表を終わります。

③頭を止めてからせきにもどろう
（早く終われ〜！）と思っても、さいごまでゆっくり、全員にむけて話します。話が終わったら、礼をします。頭をきちっと止めてから、席にもどります。

みんなも、聞く人をいしきして発表しよう！

大人の方へ・先生方へ

私たちは先ごろ、『作文名人への道』〈本の泉社〉を発行しました。きっかけは、教科書に「作文」と言う言葉が消え、報告文・記録文・意見文・紹介文・随筆・物語・短歌・俳句を書くというような単元ばかりが並んだからです。こうした、いろいろな種類の文章を書くだけで、本当に子どもの文章表現力は育つのだろうかという疑問を持ったからでした。

そこで、文章の書き方の基礎・基本をしっかりと身につける本を作ろうと考えました。そして、文章表現力の基本を、つづり方・作文教育のこれまでの実践と研究をふまえて、つぎのようにおさえました。

☆「思ったこと」は、思った通りに書く。
☆「ある日の出来事」は、出来事のはじまりから順に書く。
☆「長い間にわたったこと」は、ことがらをえらび経過にそって書く。
☆「知らせたいこと・考えたこと」は、説明するように書く。

☆「必要なこと」を説明したり、事実＝具体例を入れて書く。

こうした、子どもの生活のなかから生まれてくる願いや思いと、「表現の形」とを結びつけて書くことが、確かでゆたかな表現力がつちかわれると考えました。

この時は、小学校高学年から中学生の子ども・生徒を意識して書きました。もちろんその保護者の皆さんや、現場の先生方にも読んでいただきたい思いで、編集しました。幸い「選定図書」などにも指定していただき、多くの方に読んでいただき、版を重ねています。

中学年向けの本も発行してほしいという声が、出版社や編集者にも届きました。そして、ここに『続・作文名人への道』として、小学校三、四年生向けの本を出すことにしました。

この学年の子どもたちは、書き方がわかり、文章に興味・関心持ったら、どんどん書いていく行動力のある時期です。今回も、文章を書く基本が身につくように、やさしいものからむずかしいものへ、そして、一つひとつのねらいをはっきりさせて、「何を」「どう書く」か、その方法がわかりやすく書かれています。この本を読むことによって、文章を書く楽しさが身につき、本を読む力も自然に身についていくでしょう。

どうぞ、身の回りにいる子どもたちに、ときには読んで聞かせていただければ幸いです。

前回同様に、本の泉社の田近裕之さんからは、ていねいなアドバイスをいただき、何とか発行に導いてくださったことを、ここに御礼申し上げます。

また、この本を読みましたら、あらためて高学年向けの『作文名人への道』を読んでいただくと、小学校の中学年から、高学年のつながりもよく分かると思います。

（榎本　豊）

●編著者紹介

田中 定幸（たなか　さだゆき）

1945年生まれ、神奈川県。横浜国立大学大学院修士課程修了。横須賀市立小学校、横浜国立大学（非常勤講師）等に勤める。国分一太郎「教育」と「文学」研究会、神奈川県作文の会会長。綴方理論研究会、日本作文の会、日本国語教育学会会員。

〈主著〉『作文指導のコツ①〜③』（子どもの未来社）、『書ける子どもを育てる』（教育出版）、『育てたい表現力』（一ッ橋書房）他。

〈編著〉『作文名人への道　──報告文・記録文・意見文・紹介文・随筆・物語・短歌・俳句』(本の泉社)

今井 成司（いまい　せいじ）

茨城県生まれ。1965年県立岩井高校、1969年千葉大学教育学部卒業。東京都杉並第九小学校などに勤務。退職後は、杉並区浜田山小学校などで講師をつとめる。日本作文の会、東京作文教育協議会会員。

〈著書〉『楽しい読書感想文の書き方・5年生』（学校図書）

〈編著〉『楽しい児童詩の授業』（日本標準）、
『１年生国語　教科書教材の読みを深める言語活動』※２年生・３年生も発行（本の泉社）。
『作文名人への道　──報告文・記録文・意見文・紹介文・随筆・物語・短歌・俳句』(本の泉社)

〈執筆〉『文学で平和を』(本の泉社)

榎本 豊（えのもと　ゆたか）

1945年生まれ、埼玉県。埼玉大学教育学部卒業。東京都豊島区・墨田区の小学校に勤める。国分一太郎「教育」と「文学」研究会、綴方理論研究会、日本作文の会会員。「平和教育と生活綴方」を生涯の仕事にする。

〈共著〉『いま、なにをどう書かせたいか 1.2年　3.4年　5.6年』（綴方理論研究会著・明治図書）、『平和教育実践選書全11巻』（桐書房）、『作文教育実践講座全10巻』（駒草出版）、『ことばと作文』（日本標準）、『作文の授業』（国土社）等に、実践報告を載せる。

〈編著〉『作文名人への道　──報告文・記録文・意見文・紹介文・随筆・物語・短歌・俳句』(本の泉社)

●執筆者・執筆担当

田中　定幸：Ⅰ章〈1〉〈2〉〈3〉〈4〉〈5〉コラム1
片桐　弘子：Ⅰ章〈7〉
（元さいたま市立日進公民館）
榎本　　豊：Ⅰ章〈6〉コラム2
五十嵐　愛：Ⅱ章〈1〉
（新渡戸文化小学校）
田中　麻美：Ⅱ章〈2〉
（東京都杉並区立馬橋小学校）
本多　榮子：Ⅱ章〈3〉
（長崎県諫早市立喜々津東小学校）
今井　成司：Ⅱ章〈4〉コラム2
臼井　淑子：Ⅱ章〈5〉
（神奈川県横須賀市立武山小学校）
富山　悦子：Ⅱ章〈6〉
（前東京都足立区立栗原小学校）
大原　雅樹：Ⅱ章〈7〉
（北海道札幌市立東園小学校）
木俣　　敏：表紙絵・カット
（著書『文集・通信のためのカット集』『子どもいきいきカット集』（百合出版））
上野　広祐：カット
（東京都大田区立館山さざなみ学校）

作文名人《さくぶんめいじん》への道《みち》　【小学校《しょうがっこう》３・４年生《ねんせい》】

2018年2月26日　初版　第1刷　発行

編著者　田中定幸《たなかさだゆき》・今井成司《いまいせいじ》・榎本　豊《えのもとゆたか》
発行者　比留川　洋
発行所　株式会社　本の泉社
〒113-0033　東京都文京区本郷2-25-6
電話 03-5800-8494　FAX 03-5800-5353
http://www.honnoizumi.co.jp/
DTPデザイン：田近裕之
印刷・製本　新日本印刷株式会社

ISBN978-4-7807-1673-3　C3037